AF276304

Disfrute gratuitamente **DURANTE UN AÑO** de los eBook y audiolibros de las obras de Editorial Colex*

- Acceda a la página web de la editorial **www.colex.es**

- Identifíquese con su usuario y contraseña. En caso de no disponer de una cuenta regístrese.

- Acceda en el menú de usuario a la pestaña «Mis códigos» e introduzca el que aparece a continuación:

RASCAR PARA VISUALIZAR EL CÓDIGO

- Una vez se valide el código, aparecerá una ventana de confirmación y su eBook y/o audiolibro estará disponible **durante 1 año desde su activación** en la pestaña «Mis libros» en el menú de usuario.

---

* Los audiolibros están disponibles en las ediciones más recientes de nuestras obras. Se excluyen expresamente las colecciones «Códigos comentados», «Biblioteca digital» y los productos de www.vademecumlegal.es.

No se admitirá la devolución si el código promocional ha sido manipulado y/o utilizado.

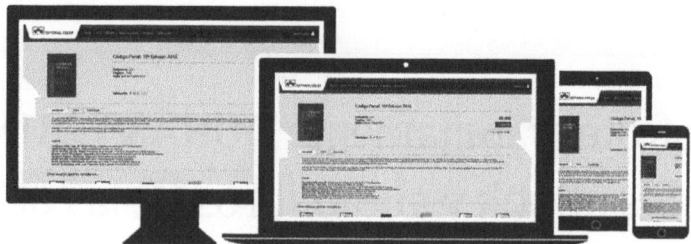

¡Gracias por confiar en nosotros!

La obra que acaba de adquirir incluye de forma gratuita la versión electrónica. Acceda a nuestra página web para aprovechar todas las funcionalidades de las que dispone en nuestro lector.

Funcionalidades eBook

Acceso desde cualquier dispositivo con conexión a internet

Idéntica visualización a la edición de papel

Navegación intuitiva

Tamaño del texto adaptable

Síguenos en:

DESCONEXIÓN DIGITAL

DESCONEXIÓN DIGITAL

Todas las claves de la desconexión digital en el ámbito laboral y para la elaboración de un protocolo regulador

2.ª EDICIÓN 2024

Obra realizada por el Departamento de Documentación de Iberley

COLEX 2024

© Editorial Colex, S.L.
Calle Sol, número 20, bajo
A Coruña, C.P. 15003
info@colex.es
www.colex.es

I.S.B.N.: 978-84-1194-588-2
Depósito legal: C 1204-2024

SUMARIO

0. INTRODUCCIÓN 9

1. CONFIGURACIÓN DEL DERECHO A LA DESCONEXIÓN DIGITAL Y SU ENTORNO NORMATIVO. 13

1.1. Derecho a la desconexión digital en la LOPDGDD 13

1.2. Derechos de los trabajadores a la intimidad en relación con el entorno digital y a la desconexión: art. 20 bis del ET 15

   1.2.1. Derecho a la intimidad y uso de dispositivos digitales en el ámbito laboral (art. 87 de la LOPDGDD) 16

   1.2.2. Derecho a la intimidad frente al uso de dispositivos de videovigilancia y de grabación de sonidos en el lugar de trabajo (art. 89 de la LOPDGDD) 17

1.3. Teletrabajo y desconexión digital: art. 18 de la Ley 10/2021, de 9 de julio, de trabajo a distancia. 19

   1.3.1. Derechos relacionados con el uso de medios digitales en el ámbito del teletrabajo 19

   1.3.2. Acuerdo de teletrabajo y desconexión digital 21

   1.3.3. Algunos problemas solventados por los tribunales relacionados la desconexión digital y el teletrabajo 22

1.4. La desconexión digital y el ámbito sancionador: arts. 6.6, 7.5 LISOS, 12, 23 y 34-38 del ET y actuaciones de la ITSS. 24

1.5. La desconexión digital y el poder disciplinario o sancionador del empresario para su cumplimiento: art. 20.3 del ET 26

1.6. Enfoque preventivo del derecho a la desconexión digital: arts. 14-16 de la LPRL y 36.5 del ET. 26

1.7. Derechos digitales en la negociación colectiva: art. 91 LOPDGDD 29

2. ¿QUÉ ES LA DESCONEXIÓN DIGITAL Y CÓMO LLEVARLA A CABO? 33

2.1. Concepto de desconexión digital 33

2.2. Medidas de desconexión digital 35

   2.2.1. Limitación del uso de los medios tecnológicos 35

   2.2.2. Elaboración de una política interna 36

   2.2.3. Acciones de formación y de sensibilización 37

   2.2.4. Organización adecuada de la jornada laboral 38

2.2.5. Protocolo de desconexión digital. 39
2.2.6. Plan de igualdad y su relación con las medidas desconexión digital. 40

3. EL REGISTRO HORARIO COMO MECANISMO DE CONTROL DEL DERECHO A LA DESCONEXIÓN DIGITAL. 45
3.1. Obligación de registrar la jornada laboral realizada. 45
3.2. Sistema de registro horario de la jornada laboral 47
3.3. Incumplimientos y sanciones de las empresas relacionados con la ausencia de registro horario. 53
3.4. Protocolos empresariales asociados a la desconexión digital 58

4. POLÍTICA INTERNA DEL DERECHO A LA DESCONEXIÓN DIGITAL Y PROTOCOLO DE DESCONEXIÓN DIGITAL. 65
4.1. Política interna reguladora del derecho a la desconexión digital 65
4.2. Protocolo de desconexión digital 66
4.2.1. ¿Qué analizar antes de confeccionar un protocolo de desconexión digital?. 68
4.2.2. Claves para la elaboración de un protocolo para la desconexión digital. 70

5. TUTELA JURISDICCIONAL DE LA VULNERACIÓN DEL DERECHO A DESCONEXIÓN DIGITAL. 83

6. PRONUNCIAMIENTO DE LOS TRIBUNALES RELACIONADOS CON LA DESCONEXIÓN DIGITAL 89

ANEXO.
FORMULARIOS

Modelo genérico de protocolo para la desconexión digital en la empresa   103
Solicitud por parte del trabajador a la empresa del reconocimiento del derecho a la desconexión digital por escrito 111
Formulario de acuerdo empresa-trabajador para el reconocimiento del derecho a la desconexión digital de teletrabajador. 113
Acuerdo de trabajo a distancia o teletrabajo 117
Documento de control empresarial de la actividad ejecutada a distancia por parte del trabajador (teletrabajo). 127
Acuerdo empresa-trabajador para la utilización de medios informáticos durante el trabajo a distancia 129
Acuerdo empresa-trabajador para la utilización de medios informáticos . 133
Comunicación genérica de la empresa estableciendo el uso de herramientas informáticas de la empresa para exclusivos fines profesionales . 137
Acuerdo de flexibilidad horaria entre trabajador y empresa reconociendo el derecho a desconexión digital. 139
Denuncia a la Inspección de Trabajo por incumplimiento empresarial de la normativa vigente en materia de desconexión digital 143
Demanda por la violación del derecho a la desconexión digital 147

0.
INTRODUCCIÓN

El derecho a la desconexión digital protege el descanso y la intimidad de los trabajadores fuera del horario laboral.

La Ley Orgánica de Protección de Datos de Carácter Personal y Garantía de los Derechos Digitales (Ley Orgánica 3/2018, de 5 de diciembre) establece el derecho de las personas trabajadoras a la desconexión digital en el ámbito laboral, en los siguientes términos:

Las personas trabajadoras tendrán derecho a la desconexión digital a fin de garantizar, fuera del tiempo de trabajo legal o convencionalmente establecido, el respeto de su tiempo de descanso, permisos y vacaciones, así como de su intimidad personal y familiar.

Las modalidades de ejercicio de este derecho atenderán a la naturaleza y objeto de la relación laboral, potenciarán el derecho a la conciliación de la actividad laboral y la vida personal y familiar y se sujetarán a lo establecido en la negociación colectiva o, en su defecto, a lo acordado entre la empresa y los representantes de los trabajadores.

El empleador, previa audiencia de los representantes de los trabajadores, elaborará una política interna dirigida a trabajadores, incluidos los que ocupen puestos directivos, en la que definirán las modalidades de ejercicio del derecho a la desconexión y las acciones de formación y de sensibilización del personal sobre un uso razonable de las herramientas tecnológicas que evite el riesgo de fatiga informática. En particular, se preservará el derecho a la desconexión digital en los supuestos de realización total o parcial del trabajo a distancia, así como en el domicilio del empleado vinculado al uso con fines laborales de herramientas tecnológicas.

Esto establece la necesidad de las empresas de proteger la seguridad y salud de las personas trabajadoras mediante el cumplimiento minucioso en lo concerniente a los tiempos de trabajo y a los mínimos períodos de descanso necesario, además de una conveniente organización y utilización de los recursos tecnológicos para la prestación del trabajo que garantice el derecho al descanso y a la conciliación de la vida familiar y laboral.

Las empresas elaborarán protocolos, instrucciones, guías y un plan acciones de formación y sensibilización sobre la protección y respeto del derecho a la desconexión digital y laboral y sobre un uso razonable y adecuado de las TIC que evite el riesgo de fatiga informática, dirigidas a todos los niveles de la organización, y para ello pondrá a disposición de todas las personas trabajadoras, la información y/o formación necesaria.

Las personas que trabajan a distancia, particularmente en teletrabajo, tienen derecho a la desconexión digital fuera de su horario de trabajo en los términos establecidos en el artículo 88 de la Ley Orgánica 3/2018, de 5 de diciembre y en la Ley 10/2021, de 9 de julio, de trabajo a distancia.

El deber empresarial de garantizar la desconexión conlleva una limitación del uso de los medios tecnológicos de comunicación empresarial y de trabajo durante los periodos de descanso, así como el respeto a la duración máxima de la jornada y a cualesquiera límites y precauciones en materia de jornada que dispongan la normativa legal o convencional aplicables.

La empresa, previa audiencia de la representación legal de las personas trabajadoras, elaborará una política interna dirigida a personas trabajadoras, incluidas los que ocupen puestos directivos, en la que definirán las modalidades de ejercicio del derecho a la desconexión y las acciones de formación y de sensibilización del personal sobre un uso razonable de las herramientas tecnológicas que evite el riesgo de fatiga informática. En particular, se preservará el derecho a la desconexión digital en los supuestos de realización total o parcial del trabajo a distancia, así como en el domicilio de la persona empleada vinculado al uso con fines laborales de herramientas tecnológicas.

Todos estos aspectos se desarrollan en nuestra obra mediante seis bloques en los que el lector encontrará:

Bloque uno, la configuración legal del derecho a la desconexión digital. Donde repasamos el entorno normativo de este derecho siguiendo la LOPDGDD, el Estatuto de los Trabajadores, la Ley 10/2021, de 9 de julio, de trabajo a distancia, el ámbito sancionador siguiendo el Real Decreto Legislativo 5/2000, de 4 de agosto, por el que se aprueba el texto refundido de la Ley sobre Infracciones y Sanciones en el Orden Social (LISOS) y el enfoque preventivo siguiendo la Ley 31/1995, de 8 de noviembre, de Prevención de Riesgos Laborales.

Bloque dos, qué es la desconexión digital y cómo llevarla a cabo. Analizando el concepto de desconexión digital y medidas como la limitación del uso de los medios tecnológicos, la elaboración de una política interna, acciones de formación y de sensibilización, la organización adecuada de la jornada laboral y la relación entre el plan de igualdad y las medidas desconexión digital.

Bloque tres, el registro horario como mecanismo de control del derecho a la desconexión digital. El derecho a la desconexión digital está estrechamente relacionado con la obligación empresarial de llevar un registro horario de los trabajadores, analizamos los principales aspectos de esta obligación con el objetivo de constatar el tiempo efectivo de prestación de servicios para garantizar la desconexión digital.

Bloque cuatro, la política interna del derecho a la desconexión digital y protocolo de desconexión digital. De inicio será necesario definir la política interna empresarial y una cultura de la organización adaptada a la realidad y las situaciones específicas de la plantilla. Partiendo de una política interna en materia de desconexión digital clara nacerá el protocolo desconexión digital. En este punto se desarrollan estos dos conceptos fundamentales para el derecho analizado: **política interna y protocolo de desconexión**.

Bloque cinco, la **tutela jurisdiccional de la vulneración del derecho a desconexión digital**.

Para finalizar, el **bloque seis**, analiza los **pronunciamientos de los tribunales más relevantes en la materia analizada**.

1.
CONFIGURACIÓN DEL DERECHO A LA DESCONEXIÓN DIGITAL Y SU ENTORNO NORMATIVO

Los cambios tecnológicos producidos en las últimas décadas han provocado modificaciones estructurales en el ámbito de las relaciones laborales. Es innegable que hoy en día el fenómeno de la «interconectividad digital» está incidiendo en las formas de ejecución del trabajo mudando los escenarios de desenvolvimiento de las ocupaciones laborales hacia entornos externos a las clásicas unidades productivas: empresas, centros y puestos de trabajo. En este contexto, el lugar de la prestación laboral y el tiempo de trabajo, como típicos elementos configuradores del marco en el que se desempeña la actividad laboral, están diluyéndose en favor de una realidad más compleja en la que impera la conectividad permanente afectando, sin duda, al ámbito personal y familiar de los trabajadores y trabajadoras *(Convenio Colectivo del Sector de Comercio Vario de la Comunidad de Madrid)*.

En este contexto, el lugar de la prestación laboral y el tiempo de trabajo, como típicos elementos configuradores del marco en el que se desempeña la actividad laboral, están diluyéndose en favor de una realidad más compleja en la que impera la conectividad permanente afectando, sin duda, al ámbito personal y familiar de los trabajadores y trabajadoras.

Esta es la situación que ha impulsado al legislador a reconocer el derecho a la desconexión digital una vez finalizada la jornada laboral, como un derecho de las personas trabajadoras a no responder mails o mensajes profesionales fuera de su horario de trabajo, con la finalidad de garantizar el tiempo de descanso y vacaciones de los trabajadores.

1.1. Derecho a la desconexión digital en la LOPDGDD

Tras varias proposiciones no de ley para su regulación, en la transposición al ordenamiento jurídico español del Reglamento general europeo de protección de datos (RGPD), con efectos de 6 de diciembre de 2018, la Ley

Orgánica 3/2018 de 5 de diciembre (LOPDGDD) ha introducido medidas para garantizar el derecho a la desconexión digital fuera de horario laboral.

> **A TENER EN CUENTA.** En la Ley Orgánica 3/2018, de 5 de diciembre, de Protección de Datos Personales y garantía de los derechos digitales, se establecen por primera vez de manera expresa, y recogiendo la jurisprudencia nacional, comunitaria e internacional, un conjunto de derechos relacionados con el uso de dispositivos en el ámbito laboral como son, entre otros, el derecho a la intimidad y uso de dispositivos digitales en el ámbito laboral y el derecho a la desconexión digital.

El art. 88 de la LOPDGDD (en referencia tanto a trabajadores como a empleados públicos) recoge:

«1. Los trabajadores y los empleados públicos tendrán derecho a la desconexión digital a fin de garantizar, fuera del tiempo de trabajo legal o convencionalmente establecido, el respeto de su tiempo de descanso, permisos y vacaciones, así como de su intimidad personal y familiar.

2. Las modalidades de ejercicio de este derecho atenderán a la naturaleza y objeto de la relación laboral, potenciarán el derecho a la conciliación de la actividad laboral y la vida personal y familiar y se sujetarán a lo establecido en la negociación colectiva o, en su defecto, a lo acordado entre la empresa y los representantes de los trabajadores.

3. El empleador, previa audiencia de los representantes de los trabajadores, elaborará una política interna dirigida a trabajadores, incluidos los que ocupen puestos directivos, en la que definirán las modalidades de ejercicio del derecho a la desconexión y las acciones de formación y de sensibilización del personal sobre un uso razonable de las herramientas tecnológicas que evite el riesgo de fatiga informática. En particular, se preservará el derecho a la desconexión digital en los supuestos de realización total o parcial del trabajo a distancia así como en el domicilio del empleado vinculado al uso con fines laborales de herramientas tecnológicas».

Los principales puntos de interés de este artículo radican en que el empleador deberá fijar los criterios de utilización de los dispositivos digitales a través de protocolos internos y deberá contar con la colaboración de los representantes de los trabajadores en la elaboración de dichos criterios. Asimismo, se indica expresamente que se atenderá a la naturaleza y objeto de la relación laboral, por lo que se deberá atender al sector de actividad, medios tecnológicos, roles, tipos de empleo, etc. Básicamente se podría definir como la limitación al uso de las tecnologías para garantizar el tiempo de descanso, permisos y vacaciones de los empleados y la intimidad personal y familiar, por lo que, a modo de ejemplo, fuera del horario laboral los empleados no estarían obligados a responder llamadas, SMS, mensajes de texto o correo electrónicos del trabajo.

Además, se exige la **elaboración de una política interna** en la que se definan las modalidades de ejercicio de este derecho y las acciones de formación y sensibilización del personal sobre el uso de los medios tecnológicos, si bien, solo se exige la previa audiencia de los representes de los trabajadores, por lo que, en base a la literalidad del artículo, el empleador podría redactar una política unilateral. Supuesto diferente será si hay un convenio colectivo (negociación colectiva), pero el artículo en sí no obliga a que este derecho quede regulado expresamente en el convenio colectivo, sino tan sólo que se elabore la política interna, que podrá quedar o no recogida en el convenio colectivo.

Se impone por tanto dos deberes al empresario: el de elaborar una política interna de uso y el de informar a las personas trabajadoras sobre los criterios de uso.

Este derecho tiene que ver con la conciliación entre la vida laboral y la personal o familiar, la salud del empleado y las tecnologías de la información cada vez más presentes en nuestro día a día, como en el caso del teletrabajo. Por tanto, se podría considerar una expresión, en el ámbito laboral, de los derechos fundamentales a la intimidad y a la integridad física y psíquica, si bien, según la D.F. 1.ª, este artículo junto con los artículos 79 a 82 y 95 a 97, tendrán carácter de ley ordinaria, configurándose como un derecho de configuración estrictamente legal.

El artículo, como iremos desarrollando, se enlaza con la regulación del **teletrabajo y la posibilidad de implantación de medidas adicionales por la negociación colectiva.**

Podemos ver, nuevamente, la importancia en cuanto a la redacción de esta normativa interna en la **STS n.º 226/2017, de 17 de marzo de 2017, ECLI:ES:TS:2017:1265**, en que se desestimó la demanda de revisión interpuesta por una empresa contra su empleada tras encontrar un correo entre esta y su abogado, por haber accedido a su correo electrónico sin haber establecido ninguna instrucción previa al uso de los medios digitales.

1.2. Derechos de los trabajadores a la intimidad en relación con el entorno digital y a la desconexión: art. 20 bis del ET

En relación con la garantía de los derechos digitales la LOPDGDD también introduce modificaciones en el Texto Refundido de la Ley del Estatuto de los Trabajadores al añadir un nuevo artículo 20 bis.

> «Artículo 20 bis. Derechos de los trabajadores a la intimidad en relación con el entorno digital y a la desconexión.
> Los trabajadores tienen derecho a la intimidad en el uso de los dispositivos digitales puestos a su disposición por el empleador, a la desconexión digital y a la intimidad frente al uso de dispositivos de videovigilancia y geolocalización en los términos establecidos en la legislación vigente en materia de protección de datos personales y garantía de los derechos digitales».

Artículo del texto estatutario en clara relación con el tratado art. 88 LOPDGDD y (continúa en el siguiente punto):

1.2.1. Derecho a la intimidad y uso de dispositivos digitales en el ámbito laboral (art. 87 de la LOPDGDD)

«Artículo 87. Derecho a la intimidad y uso de dispositivos digitales en el ámbito laboral.

1. Los trabajadores y los empleados públicos tendrán derecho a la protección de su intimidad en el uso de los dispositivos digitales puestos a su disposición por su empleador.

2. El empleador podrá acceder a los contenidos derivados del uso de medios digitales facilitados a los trabajadores a los solos efectos de controlar el cumplimiento de las obligaciones laborales o estatutarias y de garantizar la integridad de dichos dispositivos.

3. Los empleadores **deberán establecer criterios de utilización** de los dispositivos digitales **respetando en todo caso los estándares mínimos de protección de su intimidad de acuerdo con los usos sociales y los derechos reconocidos constitucional y legalmente.** En su elaboración **deberán participar los representantes de los trabajadores.**

El acceso por el empleador al contenido de dispositivos digitales respecto de los que haya admitido su uso con fines privados requerirá que se especifiquen de modo preciso los usos autorizados y se establezcan garantías para preservar la intimidad de los trabajadores, tales como, en su caso, la determinación de los períodos en que los dispositivos podrán utilizarse para fines privados.

Los trabajadores deberán ser informados de los criterios de utilización a los que se refiere este apartado».

Los principales puntos de interés en este artículo radican en que el empleador deberá fijar los criterios de utilización de los dispositivos digitales a través de protocolos internos y deberá contar con la colaboración de los representantes de los trabajadores en la elaboración de dichos criterios. Además, debemos tener en cuenta que se hace referencia tanto a trabajadores como a empleados públicos. Se impone por tanto **dos deberes** al empresario: el de elaborar una política de uso y el de informar a los trabajadores sobre los criterios de uso.

Este acceso se posibilita en referencia a unas finalidades concretas que la legitiman:

– El control del cumplimiento de las obligaciones laborales o estatutarias.

– Garantizar la integridad de los dispositivos.

Muy importante es tener presente que se determina que se deberán **especificar los usos autorizados de un modo preciso,** e incluso, si se permite por el empleador, los períodos en que los dispositivos podrán usarse para fines privados como por ejemplo el uso para el acceso a redes sociales, páginas de ocio, etc. Para ello, se deberá realizar una normativa interna sobre el uso y acceso a los sistemas, uso del correo electrónico de empresa, instalación de programas, almacenamiento de la información, etc. Podemos ver la importancia en cuanto a la redacción de esta normativa interna en la sentencia del **STS n.º 226/2017, de 17 de marzo de 2017, ECLI:ES:TS:2017:1265** en que se desestimó la demanda de revisión interpuesta por una empresa contra su empleada tras encontrar un correo entre esta y su abogado, por haber accedido a su correo electrónico sin haber establecido ninguna instrucción previa al uso de los medios digitales.

Finalmente, no debemos dejar de lado que este artículo habla específicamente del «uso de dispositivos digitales puestos a disposición por su empleador», dejando por tanto al margen aquellos dispositivos propios del empleado que se usen con fines laborales o durante el horario laboral.

1.2.2. Derecho a la intimidad frente al uso de dispositivos de videovigilancia y de grabación de sonidos en el lugar de trabajo (art. 89 de la LOPDGDD)

«Artículo 89. Derecho a la intimidad frente al uso de dispositivos de videovigilancia y de grabación de sonidos en el lugar de trabajo.

1. Los empleadores podrán tratar las imágenes obtenidas a través de sistemas de cámaras o videocámaras para el ejercicio de las funciones de control de los trabajadores o los empleados públicos previstas, respectivamente, en el artículo 20.3 del Estatuto de los Trabajadores y en la legislación de función pública, siempre que estas funciones se ejerzan dentro de su marco legal y con los límites inherentes al mismo. Los empleadores habrán de informar con carácter previo, y de forma expresa, clara y concisa, a los trabajadores o los empleados públicos y, en su caso, a sus representantes, acerca de esta medida.

En el supuesto de que se haya captado la comisión flagrante de un acto ilícito por los trabajadores o los empleados públicos se entenderá cumplido el deber de informar cuando existiese al menos el dispositivo al que se refiere el artículo 22.4 de esta ley orgánica.

2. En ningún caso se admitirá la instalación de sistemas de grabación de sonidos ni de videovigilancia en lugares destinados al descanso o esparcimiento de los trabajadores o los empleados públicos, tales como vestuarios, aseos, comedores y análogos.

3. La utilización de sistemas similares a los referidos en los apartados anteriores para la grabación de sonidos en el lugar de trabajo se admitirá únicamente cuando resulten relevantes los riesgos para la seguridad de las instalaciones, bienes y personas derivados de la actividad que se desarrolle en el centro de trabajo y siempre respetando el principio de proporcionalidad, el de intervención mínima y las garantías previstas en los apartados anteriores. La supresión de los sonidos conservados por estos sistemas de grabación se realizará atendiendo a lo dispuesto en el apartado 3 del artículo 22 de esta ley».

Este artículo aborda tema de la videovigilancia en el lugar de trabajo, permitiendo a los empleadores el tratamiento de las imágenes obtenidas, pero solo «para el ejercicio de las funciones de control de los trabajadores o los empleados públicos» previstas en la ley con los límites inherentes al mismo, prohibiendo la instalación de dichos dispositivos puedan estar instalados en lugares destinados al descanso o esparcimiento de los trabajadores o los empleados públicos «tales como vestuarios, aseos, comedores y análogos». Sobre la colocación de cámaras de videovigilancia en el lugar de trabajo la resolución judicial más comentada fue la del Tribunal Europeo de Derechos Humanos (caso López Ribalta) que obligó a indemnizar a cinco cajeras filmadas robando porque no se les informó de las cámaras ocultas y se estimó que la empresa había vulnerado el art. 5 de la LOPD.

El uso requerirá la previa información, «expresa, clara y concisa», a los trabajadores y, en su caso, a sus representantes.

La ley prevé también el caso del descubrimiento casual de la «comisión flagrante de un acto ilícito por los trabajadores», en cuyo caso «se entenderá cumplido el deber de informar cuando existiese al menos el dispositivo al que se refiere el art. 22.4 de esta Ley Orgánica», es decir, a través de **colocación de un dispositivo informativo en lugar suficientemente visible** (el cartel de videovigilancia o dispositivo que cumpla los estándares previstos en la norma). Este cartel debe colocarse en un lugar visible e informar al menos de que se realizará tratamiento de las imágenes, la identidad del responsable, así como la posibilidad de ejercitar los derechos sobre las imágenes, principalmente de acceso, rectificación, limitación del tratamiento y supresión

Además, solo se admite la utilización de sistemas de grabación de sonidos (micrófonos) en el lugar de trabajo en caso de riesgos «relevantes» para la seguridad de las instalaciones, bienes y personas derivados de la actividad que se desarrolle en el centro de trabajo y respetando en todo caso los principios de proporcionalidad e intervención mínima. El tratamiento de los sonidos también implica la **supresión** de los datos en el plazo **máximo de un mes** salvo cuando hubieran de ser conservados para acreditar la comisión de actos que atenten contra la integridad de personas, bienes o instalaciones, en cuyo caso deberán ser puestas a disposición de la autoridad competente en un plazo máximo de 72 horas desde que se tuviera conocimiento de la existencia de la grabación (art. 22.3 de la LOPDGDD).

A TENER EN CUENTA. En paralelo a la creación del art. 22 bis del ET, para la adaptación del derecho a la desconexión digital en el sector público se añadió una nueva letra j bis) al art. 14 del texto refundido de la Ley del Estatuto Básico del Empleado Público: «j bis) A la intimidad en el uso de dispositivos digitales puestos a su disposición y frente al uso de dispositivos de videovigilancia y geolocalización, así como a la desconexión digital en los términos establecidos en la legislación vigente en materia de protección de datos personales y garantía de los derechos digitales». Como referencia de interés hay que recordar que el teletrabajo para la Administración Pública se ha regulado mediante el nuevo artículo 47 bis del TREBEP.

1.3. Teletrabajo y desconexión digital: art. 18 de la Ley 10/2021, de 9 de julio, de trabajo a distancia

El derecho a la desconexión digital debe ser ineludiblemente preservado cuando se imponga la realización de algún tipo de trabajo a distancia o cuando se trate de que el trabajador se vea obligado a utilizar en su domicilio herramientas tecnológicas. Se trata de un mínimo legal insoslayable por la negociación colectiva y aplicable ex lege y que debe ser garantizado, en virtud del desarrollo que en este punto realiza la LOPDGDD, el artículo 18.4 de la Constitución, y Ley 10/2021, de 9 de julio, de trabajo a distancia (LTD). **(STSJ de Madrid n.º 962/2020, de 4 de noviembre de 2020, ECLI:ES:TSJM:2020:10055).**

Tendrá la consideración de trabajo a distancia, la forma de organización del trabajo o de realización de la actividad laboral conforme a la cual esta se presta en el domicilio de la persona trabajadora o en el lugar elegido por esta, durante toda su jornada o parte de ella, con carácter regular. Dentro de esta modalidad, el teletrabajo, es aquel trabajo a distancia que se lleva a cabo mediante el uso exclusivo o prevalente de medios y sistemas informáticos, telemáticos y de telecomunicación. Debiendo, «asimilar a la presencia física la presencia virtual». (STSJ de Madrid n.º 469/1999, de 30 de septiembre de 1999, ECLI:ES:TSJM:1999:10912).

Sin embargo, este tipo de prestación de servicios presenta posibles inconvenientes: protección de datos, brechas de seguridad, tecnoestrés, horario continuo, fatiga informática, conectividad digital permanente, mayor aislamiento laboral, pérdida de la identidad corporativa, deficiencias en el intercambio de información entre las personas que trabajan presencialmente y aquellas que lo hacen de manera exclusiva a distancia, dificultades asociadas a la falta de servicios básicos en el territorio, como la conectividad digital o servicios para la conciliación laboral y familiar, o traslado a la persona trabajadora de costes de la actividad productiva sin compensación alguna, entre otros.

Aspectos que no pasaron desapercibidos para el legislador en la **LOPDG-DD**, reforzándose, en el art. 88 transcrito al principio del punto, el **derecho a la desconexión digital** en los supuestos de trabajo a distancia o teletrabajo, y encontrándose reflejados en el capítulo IV de la LTD, donde vemos referencias específicas a las facultades de organización, dirección y control empresarial en el trabajo a distancia, incluyendo la protección de datos y seguridad de la información, el cumplimiento por la persona trabajadora de sus obligaciones y deberes laborales y las instrucciones necesarias para preservar a la empresa frente a posibles brechas de seguridad.

1.3.1. Derechos relacionados con el uso de medios digitales en el ámbito del teletrabajo

La Ley 10/2021, de 9 de julio, de trabajo a distancia regula la desconexión digital de la siguiente forma:

Derecho a la intimidad y a la protección de datos

La empresa no podrá exigir la instalación de programas en dispositivos propiedad de la persona trabajadora, ni la utilización de estos dispositivos en el desarrollo del trabajo a distancia, y deberá elaborar una política en la que se regule la desconexión digital.

«Artículo 17. Derecho a la intimidad y a la protección de datos.

1. La utilización de los medios telemáticos y el control de la prestación laboral mediante dispositivos automáticos garantizará adecuadamente el derecho a la intimidad y a la protección de datos, en los términos previstos en la Ley Orgánica 3/2018, de 5 de diciembre, de Protección de Datos Personales y garantía de los derechos digitales, de acuerdo con los principios de idoneidad, necesidad y proporcionalidad de los medios utilizados.

2. La empresa no podrá exigir la instalación de programas o aplicaciones en dispositivos propiedad de la persona trabajadora, ni la utilización de estos dispositivos en el desarrollo del trabajo a distancia.

3. Las empresas deberán establecer criterios de utilización de los dispositivos digitales respetando en todo caso los estándares mínimos de protección de su intimidad de acuerdo con los usos sociales y los derechos reconocidos legal y constitucionalmente. En su elaboración deberá participar la representación legal de las personas trabajadoras.

Los convenios o acuerdos colectivos podrán especificar los términos dentro de los cuales las personas trabajadoras pueden hacer uso por motivos personales de los equipos informáticos puestos a su disposición por parte de la empresa para el desarrollo del trabajo a distancia, teniendo en cuenta los usos sociales de dichos medios y las particularidades del trabajo a distancia».

Derecho a la desconexión digital

La empresa podrá poner en marcha las medidas que estime más oportunas de vigilancia y control para verificar el cumplimiento por la persona trabajadora de sus obligaciones y deberes laborales, incluida la utilización de medios telemáticos, guardando en su adopción y aplicación la consideración debida a su dignidad, y deberá establecer criterios de utilización de los dispositivos digitales respetando en todo caso los estándares mínimos de protección de la intimidad de sus empleados.

«Artículo 18. Derecho a la desconexión digital.

1. Las personas que trabajan a distancia, particularmente en teletrabajo, tienen derecho a la desconexión digital fuera de su horario de trabajo en los términos establecidos en el artículo 88 de la Ley Orgánica 3/2018, de 5 de diciembre.

El deber empresarial de garantizar la desconexión conlleva una limitación del uso de los medios tecnológicos de comunicación empresarial y de trabajo durante los periodos de descanso, así como el respeto a la duración máxima de la jornada y a cualesquiera límites y precauciones en materia de jornada que dispongan la normativa legal o convencional aplicables.

2. La empresa, previa audiencia de la representación legal de las personas trabajadoras, elaborará una política interna dirigida a personas trabajadoras, incluidas los que ocupen puestos directivos, en la que definirán las modalidades de ejercicio del derecho a la desconexión y las acciones de formación y de sensibilización del personal sobre un uso razonable de las herramientas tecnológicas que evite el riesgo de fatiga informática. En particular, se preservará el derecho a la desconexión digital en los supuestos de realización total o parcial del trabajo a distancia, así como en el domicilio de la persona empleada vinculado al uso con fines laborales de herramientas tecnológicas.

Los convenios o acuerdos colectivos de trabajo podrán establecer los medios y medidas adecuadas para garantizar el ejercicio efectivo del derecho a la desconexión en el trabajo a distancia y la organización adecuada de la jornada de forma que sea compatible con la garantía de tiempos de descanso».

1.3.2. Acuerdo de teletrabajo y desconexión digital

El **acuerdo de trabajo a distancia (ATD)** debe realizarse por escrito y formalizarse antes de que se inicie el trabajo a distancia.

La empresa deberá entregar una copia del Acuerdo a la RLT y comunicarlo al SPEE. El contenido incluye la identificación de los puestos de trabajo y funciones susceptibles de realizarse a través del trabajo a distancia, condiciones de acceso, duración máxima, inventario de los medios, equipos y herramientas, gastos a cargo de la empresa y compensación. (*Trabajo a distancia y teletrabajo. Paso a paso*. Colex).

El art. 7 de la Ley 10/2021, de 9 de julio, establece un mínimo de puntos que deberán aparecer en el ATD, pudiendo ser ampliados en función del convenio colectivo (D.A. 1.ª de la Ley 10/2021, de 9 de julio):

- Horario de trabajo de la persona trabajadora y reglas de disponibilidad.

- Medios de control empresarial de la actividad.

- Procedimiento a seguir en el caso de producirse dificultades técnicas que impidan el normal desarrollo del trabajo a distancia.

- Instrucciones dictadas por la empresa, previa información a la representación legal de las personas trabajadoras, sobre seguridad de la información, específicamente aplicables en el trabajo a distancia.

- Instrucciones dictadas por la empresa, con la participación de la representación legal de las personas trabajadoras, en materia de protección de datos y desconexión digital aplicables en el trabajo a distancia.

- Etc.

1.3.3. Algunos problemas solventados por los tribunales relacionados la desconexión digital y el teletrabajo

Registro horario

Dentro del posible **incumplimiento del registro horario**, a estas alturas es sobradamente conocida la obligación empresarial de garantizar el registro diario de jornada, que deberá incluir el horario concreto de inicio y finalización de la jornada de trabajo de cada persona trabajadora, sin perjuicio de la existencia de flexibilidad horaria (art. 34 del ET, sancionado según el art. 7.5 de la LISOS que tratamos en el siguiente aparato). Del mismo modo, la problemática en la aplicación del registro horario sobre los teletrabajadores, en especial desde el crecimiento repentino de esta modalidad de prestación de servicios originado por la pandemia del COVID-19, fue abordado por la *Guía sobre registro de jornada publicada por el Ministerio de Trabajo, Migraciones y Seguridad Social pública*.

Dado que cabe variabilidad de la jornada diaria de trabajo (jornadas diarias superiores compensadas con otras inferiores, por ejemplo), cuyo cómputo a efectos de determinación del tiempo de trabajo realmente realizado por el trabajador requiere períodos o secuencias temporales superiores al día, el registro diario de jornada, exigible en todo caso, deberá ponderarse y globalizarse a efectos de control y contabilización del tiempo de trabajo efectivo en dichas secuencias superiores a la diaria. De suerte que si, por ejemplificar, la flexibilidad horaria exige el cumplimiento de una determinada jornada mensual, libremente distribuida por el trabajador, el hecho de que un registro horario diario compute excesos de jornada no se interpretará como trabajo extraordinario o por encima del pactado si, analizados los registros de los restantes días del mes, queda acreditado el cumplimiento de la jornada mensual ordinaria. En coherencia, cualesquiera otros períodos de referencia a los fines redistributivos seguirán idéntica regla.

La **STSJ de Castilla y León, rec. 2229/2015, de 3 de febrero de 2016, ECLI:ES:TSJCL:2016:281**, ha ratificado expresamente la condena a la empresa al pago de horas extraordinarias sobre la base de la inexistencia de control de la jornada de un teletrabajador, en base a argumentos como:

Ese argumento no puede ser acogido en las circunstancias del caso por lo siguiente:

a) El tiempo de trabajo en el domicilio es tiempo de trabajo exactamente igual que el realizado fuera del mismo;

b) El control del tiempo de trabajo es responsabilidad de la empresa, que debe igualmente registrar la jornada del trabajador día a día y totalizarla en el período fijado para el abono de las retribuciones, entregando copia del resumen al trabajador en el recibo correspondiente (art. 35.5 del ET).

c) El respeto de los límites de jornada y descansos forma parte del derecho del trabajador a la protección de su seguridad y salud (Directiva 2003/88/CE), que es responsabilidad del empresario, a partir de la obligada evaluación de riesgos y planificación de la actividad preventiva. Aunque el trabajador preste su trabajo en su domicilio corresponde a la empresa establecer las pautas necesarias sobre tiempo de trabajo para garantizar el cumplimiento de los límites de jornada y descansos.

d) El derecho a la intimidad y la inviolabilidad del domicilio son derechos del trabajador que mora en él y no de la empresa, por lo que no pueden ser invocados por ésta en contra del trabajador. En el caso del trabajo a domicilio, si la empresa establece normas sobre tiempo de trabajo e instrumentos de declaración y control, como es su obligación, será el trabajador el que pueda rechazar los mismos. Por otra parte, en el caso del trabajo desarrollado con conexión a la internet el control del ejercicio laboral a distancia, mediante la comprobación de la conexión del trabajador a la intranet empresarial y de su actividad en la red, no supone en principio y en condiciones normales invasión del espacio protegido bajo el concepto de domicilio y además es susceptible de inspección y control por la Administración Laboral. Ese control empresarial en este caso se ha omitido por completo.

e) Por consiguiente solamente si la empresa ha establecido pautas claras sobre tiempo de trabajo respetuosas con la regulación legal y convencional sobre jornada y descansos y si además establece, de acuerdo con el trabajador, instrumentos de declaración y control del tiempo de trabajo a distancia o en el domicilio, sería posible admitir que una conducta del trabajador en el interior de su domicilio en vulneración de dichas pautas y omitiendo los instrumentos de control empresarial pudiera dar lugar a exceptuar el pago de las correspondientes horas y su cómputo como tiempo de trabajo. Pero en ausencia de esas pautas y criterios y de unos mínimos instrumentos de control no puede admitirse tal excepción, que sería equivalente a crear un espacio de total impunidad y alegalidad en el trabajo a distancia y en el domicilio.

Desconexión por corte del suministro de luz o de internet que impide la prestación del teletrabajo

La **SAN n.° 104/2021, de 10 de mayo de 2021, ECLI:ECLI:ES:AN:2021:1855,** ha determinado que, en caso de incidentes como cortes en el suministro de luz o conexión de internet ajenos a los trabajadores, la empresa debe computar el tiempo que dure la interrupción como tiempo efectivo de trabajo. Esto significa que los trabajadores no deben recuperar ese tiempo ni sufrir descuentos en sus retribuciones, siempre y cuando se aporte justificación de la empresa suministradora del servicio sobre la existencia y duración de la incidencia.

Uso del lavabo para atender sus necesidades fisiológicas durante el teletrabajo

La **SAN** n.º 104/2021, de 10 de mayo de 2021, ECLI:ECLI:ES:AN:2021:1855, también reconoce el derecho del personal a usar el lavabo para atender sus necesidades fisiológicas por el tiempo imprescindible. La empresa tiene la obligación de registrar estas pausas de forma separada del resto de descansos y pausas contempladas en el convenio colectivo de Contact Center, por razones de prevención de riesgos laborales y respeto a la dignidad de los trabajadores.

El sistema de registro de jornada implementado por la empresa solo permite realizar necesidades fisiológicas durante pausas programadas, lo que puede obligar a los trabajadores a registrar un descanso no programado o desatender su puesto de trabajo, con el riesgo de ser sancionados.

La AN considera que no permitir registrar estas pausas vulnera la dignidad del trabajador y puede constituir una discriminación indirecta por razón de edad, proscrita por el art. 17.1 del ET.

1.4. La desconexión digital y el ámbito sancionador: arts. 6.6, 7.5 LISOS, 12, 23 y 34-38 del ET y actuaciones de la ITSS

La transgresión de las normas y los límites legales o pactados en materia de jornada se regulan en los arts. 6.6 y 7.5 de la LISOS y 12, 23 y 34-38 del ET.

En lo que respecta al ámbito de la empresa privada, uno de los principales reproches que pudiéramos hacer al legislador en relación con la desconexión digital, es que la LOPDGDD no ofrece elemento alguno que permita concretar las medidas en las que se traduce éste nuevo derecho y tampoco establece las consecuencias de su incumplimiento. De esta forma, recae en las organizaciones la obligación de establecer políticas internas de desconexión, informando previamente sobre su contenido a los representantes legales de los trabajadores, si los hay. Así, la ley únicamente exige que las políticas emitidas por las empresas se dirijan a trabajadores ordinarios y directivos, definiendo las modalidades de desconexión, así como las acciones de formación y sensibilización en materia de desconexión digital (Helena Monzón Pérez. Una desconexión digital descafeinada. Diario Cinco Días. 7 de diciembre de 2018).

En el ámbito sancionador, encontraríamos distintos supuestos:

a) Sanciones a las empresas por incumplimiento de las condiciones de trabajo y las obligaciones legales en materia de descanso de los trabajadores basadas en los arts. 7.10 de la LISOS («establecer condiciones de trabajo inferiores a las establecidas legalmente o por convenio colectivo, así como los actos u omisiones que fueren contrarios a los derechos de los trabajadores reconocidos en el artículo 4 de la Ley del Estatuto de los Trabajadores, salvo que proceda su calificación como muy graves, de acuerdo con el artículo siguiente»), 7.5 de la LISOS («la transgresión de las normas y los límites legales o pactados en materia de jornada, trabajo nocturno, horas extraordinarias, horas complementarias, descansos, vacaciones, permisos, registro de jornada y, en general, el tiempo de trabajo a que se refieren los artículos 12, 23 y 34 a 38 del Estatuto de los Trabajadores») o 6.6 de la LISOS («Cualesquiera otros incumplimientos que afecten a obligaciones meramente formales o documentales»).

b) **La inexistencia de un protocolo para desconexión digital de los trabajadores**, a falta de incardinación en algún hecho sancionable que pudieran establecer los Tribunales, podría sancionarse en materia de **prevención de riesgos laborales** si existe conexión entre esta falta de ese protocolo en la empresa y una concreción en algún trabajador de este riesgo psicosocial como podría ser Burnout, tecnoestrés, etc. (Adrián Todolí. El Derecho a la Desconexión Digital aprobada por la LOPDGDD y la Prevención de riesgos laborales. 17 de enero de 2019).

c) **Incumplimientos relacionados con el respeto a la intimidad y dignidad de los trabajadores:** según el **art. 8.11 de la LISOS**, se califica como infracción muy grave en materia de relaciones laborales individuales y colectivas «los actos del empresario que fueren contrarios al respeto de la intimidad y consideración debida a la dignidad de los trabajadores».

A pesar de que la norma no clarifica la consideración del nuevo derecho como fundamental, y a falta de mejor criterio doctrinal, podemos considerar, que, con base al art. 18.4 de la CE («la ley limitará el uso de la informática para garantizar el honor y la intimidad personal y familiar de los ciudadanos y el pleno ejercicio de sus derechos») es un derecho fundamental integrado en el derecho a la salud. De esta forma, en el ámbito disciplinario, una eventual sanción por el ejercicio del derecho sería nula, pero surgen dudas en relación con una posible nulidad o improcedencia del despido efectuado por aplicar el ejercicio de la desconexión.

RESOLUCIONES RELEVANTES

STSJ de Galicia n.º 1158/2024, de 4 de marzo del 2024, ECLI:ES:TSJ-GAL:2024:1944

El TSJ de Galicia condena a una empresa de seguridad a indemnizar al trabajador con 1.000 euros por vulnerar su derecho a la desconexión digital y su intimidad, tras recibir comunicaciones laborales fuera de horario y mails de terceros relacionados con la prevención de riesgos y formación sin consentimiento para la cesión de sus datos. En concreto:

- **Vulneración del derecho a la desconexión digital y daño moral**, habida cuenta de los correos electrónicos enviados fuera del horario laboral: 300 euros de indemnización.

- **Vulneración del derecho a la protección de datos**, dadas las circunstancias del supuesto de autos, al no constar el consentimiento expreso del trabajador a la cesión de datos a terceros ni la información al respecto: 700 euros.

1.5. La desconexión digital y el poder disciplinario o sancionador del empresario para su cumplimiento: art. 20.3 del ET

Los trabajadores podrán ser sancionados por la dirección de las empresas en virtud de incumplimientos laborales, de acuerdo con la graduación de faltas y sanciones que se establezcan en las disposiciones legales o en el convenio colectivo que sea aplicable.

El artículo 5.c) del Estatuto de los Trabajadores, establece como deber laboral básico del trabajador el cumplimiento de las órdenes e instrucciones del empresario en el ejercicio de sus facultades directivas. De esta forma, como cualquier directriz por parte de la empresa, el incumplimiento del derecho a la desconexión digital por parte de un trabajador sobre sus subordinados o compañeros debería ser sancionado por la empresa en virtud del **poder de dirección y control de la actividad laboral** (art. 20.3 del ET).

Un ej. de este supuesto lo encontramos en la **STSJ Madrid n.º 575/2023, de 28 de septiembre de 2023, ECLI:ES:TSJM:2023:10259.**

1.6. Enfoque preventivo del derecho a la desconexión digital: arts. 14-16 de la LPRL y 36.5 del ET

La regulación de la desconexión digital puede entenderse dentro de la prevención de riesgos laborales al amparo del art. 1.1 de la LPRL, donde se concreta: «La normativa sobre prevención de riesgos laborales está constituida por la presente Ley (LPRL), sus disposiciones de desarrollo o complementarias y cuantas otras normas, legales o convencionales, contengan prescripciones relativas a la adopción de medidas preventivas en el ámbito laboral o susceptibles de producirlas en dicho ámbito».

El artículo 14 de la Ley 31/1995, de 8 de noviembre, de Prevención de Riesgos Laborales, dispone:

> «1. Los trabajadores tienen derecho a una protección eficaz en materia de seguridad y salud en el trabajo.
> El citado derecho supone la existencia de un correlativo deber del empresario de protección de los trabajadores frente a los riesgos laborales.
> Este deber de protección constituye, igualmente, un deber de las Administraciones públicas respecto del personal a su servicio.
> Los derechos de información, consulta y participación, formación en materia preventiva, paralización de la actividad en caso de riesgo grave e inminente y vigilancia de su estado de salud, en los términos previstos en la presente Ley, forman parte del derecho de los trabajadores a una protección eficaz en materia de seguridad y salud en el trabajo.

2. En cumplimiento del deber de protección, el empresario deberá garantizar la seguridad y la salud de los trabajadores a su servicio en todos los aspectos relacionados con el trabajo. A estos efectos, en el marco de sus responsabilidades, el empresario realizará la prevención de los riesgos laborales mediante la integración de la actividad preventiva en la empresa y la adopción de cuantas medidas sean necesarias para la protección de la seguridad y la salud de los trabajadores, con las especialidades que se recogen en los artículos siguientes en materia de plan de prevención de riesgos laborales, evaluación de riesgos, información, consulta y participación y formación de los trabajadores, actuación en casos de emergencia y de riesgo grave e inminente, vigilancia de la salud, y mediante la constitución de una organización y de los medios necesarios en los términos establecidos en el capítulo IV de esta ley.

El empresario desarrollará una acción permanente de seguimiento de la actividad preventiva con el fin de perfeccionar de manera continua las actividades de identificación, evaluación y control de los riesgos que no se hayan podido evitar y los niveles de protección existentes y dispondrá lo necesario para la adaptación de las medidas de prevención señaladas en el párrafo anterior a las modificaciones que puedan experimentar las circunstancias que incidan en la realización del trabajo.

3. El empresario deberá cumplir las obligaciones establecidas en la normativa sobre prevención de riesgos laborales».

Y el artículo 15 de la misma Ley es del siguiente tenor literal:

«1. El empresario aplicará las medidas que integran el deber general de prevención previsto en el artículo anterior, con arreglo a los siguientes principios generales:

a) Evitar los riesgos.

b) Evaluar los riesgos que no se puedan evitar.

c) Combatir los riesgos en su origen.

d) Adaptar el trabajo a la persona, en particular en lo que respecta a la concepción de los puestos de trabajo, así como a la elección de los equipos y los métodos de trabajo y de producción, con miras, en particular, a atenuar el trabajo monótono y repetitivo y a reducir los efectos del mismo en la salud.

e) Tener en cuenta la evolución de la técnica.

f) Sustituir lo peligroso por lo que entrañe poco o ningún peligro.

g) Planificar la prevención, buscando un conjunto coherente que integre en ella la técnica, la organización del trabajo, las condiciones de trabajo, las relaciones sociales y la influencia de los factores ambientales en el trabajo.

h) Adoptar medidas que antepongan la protección colectiva a la individual.

i) Dar las debidas instrucciones a los trabajadores.

2. El empresario tomará en consideración las capacidades profesionales de los trabajadores en materia de seguridad y de salud en el momento de encomendar las tareas.

3. El empresario adoptará las medidas necesarias a fin de garantizar que sólo los trabajadores que hayan recibido información suficiente y adecuada puedan acceder a las zonas de riesgo grave y específico.

4. La efectividad de las medidas preventivas deberá prever las distracciones o imprudencias no temerarias que pudiera cometer el trabajador. Para su adopción se tendrán en cuenta los riesgos adicionales que pudieran implicar determinadas medidas preventivas, las cuales sólo podrán adoptarse cuando la magnitud de dichos riesgos sea sustancialmente inferior a la de los que se pretende controlar y no existan alternativas más seguras».

El art. 16.2 de la LPRL es terminante al establecer que «La prevención de riesgos laborales deberá integrase en el sistema general de gestión de la empresa, tanto en el conjunto de sus actividades como en todos los niveles jerárquicos de ésta, a través de la implantación y aplicación de un plan de prevención de riesgos laborales (que) deberá incluir la estructura organizativa, las responsabilidades, las funciones, las prácticas, los procedimientos, los procesos y los recursos necesarios para realizar la acción de prevención de riesgos en la empresa», **obligación de gestionar todos los riesgos que incluye los psicosociales evaluando los riesgos que no se puedan evitar** [arts. 16.2 y 15.1.b.) LPRL] y definiendo las modalidades preventivas, aplicándolas o planificando su ejecución (art. 16.2 de la LPRL). En su apartado 3, el precepto dispone que «cuando se haya producido un daño para la salud de los trabajadores o cuando, con ocasión de la vigilancia de la salud (...) aparezcan indicios de que las medias de prevención resultan insuficientes, el empresario llevará a cabo una investigación al respecto, a fin de detectar las causas de estos hechos». **(STSJ Canarias n.º 1219/2020, de 30 de octubre de 2020, ECLI:ES:TSJICAN:2020:2120).**

Relacionado con lo anterior y con el derecho a desconexión digital, el art. 36.5 del ET fija:

«El empresario que organice el trabajo en la empresa según un cierto ritmo deberá tener en cuenta el principio general de adaptación del trabajo a la persona, especialmente de cara a atenuar el trabajo monótono y repetitivo en función del tipo de actividad y de las exigencias en materia de seguridad y salud de los trabajadores. Dichas exigencias deberán ser tenidas particularmente en cuenta a la hora de determinar los periodos de descanso durante la jornada de trabajo».

Como es lógico, desde el punto de vista de la prevención de riesgos laborales, no es baladí tener en cuenta durante la evaluación de riesgos y la planificación de la actividad preventiva la entrega de dispositivos electrónicos a la persona trabajadora (arts. 23 de la LPRL y 7 del RSP).

A TENER EN CUENTA. Entre las medidas adoptadas debe tenerse en cuenta eliminar, reducir o controlar el riesgo de fatiga informática, siguiendo los principios preventivos del art. 15 de la LPRL. En este sentido, el protocolo de desconexión digital también se convertirá en una herramienta esencial para la prevención de riesgos laborales en la era digital.

Dentro del deber de información, consulta y participación de los trabajadores reconocidos en la normativa sobre prevención de riesgos laborales, también podríamos englobar el trámite de audiencia a la representación legal de los trabajadores para la realización del protocolo de desconexión digital (art. 12.11 de la LISOS).

CUESTIONES

Si la empresa no realiza una evaluación del riesgo psicosocial de fatiga informática cuando se utilicen dispositivos digitales, ¿se expone a alguna sanción?

La fatiga informática es un nuevo factor de riesgo psicosocial asociado a otros como el *burnout*, la fatiga visual, los trastornos musculoesqueléticos, el ciberacoso o la carga mental. El art. 12.1 de la LISOS sanciona como infracción grave en materia de prevención de riesgos laborales:

- Incumplir la obligación de integrar la prevención de riesgos laborales en la empresa a través de la implantación y aplicación de un plan de prevención, con el alcance y contenido establecidos en la normativa de prevención de riesgos laborales.

- No llevar a cabo las evaluaciones de riesgos y, en su caso, sus actualizaciones y revisiones, así como los controles periódicos de las condiciones de trabajo y de la actividad de los trabajadores que procedan, o no realizar aquellas actividades de prevención que hicieran necesarias los resultados de las evaluaciones, con el alcance y contenido establecidos en la normativa sobre prevención de riesgos laborales.

1.7. Derechos digitales en la negociación colectiva: art. 91 LOPDGDD

Actualmente el derecho de las personas trabajadoras a la intimidad en relación con el entorno digital y a la desconexión digital se encuentra recogido en la mayoría de los convenios colectivos haciendo referencia a la necesidad de elaborar un protocolo que formalice este aspecto en el ámbito de la empresa y de forma negociada con la representación legal de las personas trabajadoras. (Ej. *convenio colectivo del comercio textil de Barcelona*).

El propio legislador ha querido dar su sitio a la negociación colectiva a través del art. 91 de la LOPDGDD, rubricado «Derechos digitales en la negociación colectiva» con este contenido (**SJS Cáceres n.º 155/2020, de 7 de septiembre de 2020, ECLI:ES:JSO:2020:4029**):

> «Los convenios colectivos podrán establecer garantías adicionales de los derechos y libertades relacionados con el tratamiento de los datos personales de los trabajadores y la salvaguarda de derechos digitales en el ámbito laboral».

Es un artículo muy general (sin establecer como obligatoria la negociación para ningún tipo de empresa) se deja abierta la puerta a que en los convenios colectivos puedan establecer garantías adicionales y/o límites a las medidas de control en cuanto a los derechos digitales en el ámbito laboral.

En paralelo, el artículo 87.3 LOPD establece: «Los empleadores deberán establecer criterios de utilización de los dispositivos digitales respetando en todo caso los estándares mínimos de protección de su intimidad de acuerdo con los usos sociales y los derechos reconocidos constitucional y legalmente. En su elaboración deberán participar los representantes de los trabajadores.

El acceso por el empleador al contenido de dispositivos digitales respecto de los que haya admitido su uso con fines privados requerirá que se especifiquen de modo preciso los usos autorizados y se establezcan garantías para preservar la intimidad de los trabajadores, tales como, en su caso, la determinación de los períodos en que los dispositivos podrán utilizarse para fines privados. Los trabajadores deberán ser informados de los criterios de utilización a los que se refiere este apartado».

Respetando los derechos de información y participación reconocidos vía convenio y Estatuto de los Trabajadores, podemos estandarizar:

a) Cuando el protocolo o política interna para garantizar el respeto del tiempo de descanso de los empleados y de su intimidad personal y familiar se recojan vía convenio colectivo se negociarán por las partes legitimadas para ello según el ET.

b) En caso de que en convenio colectivo no se regulen este tipo de procedimientos sería conveniente llegar a un acuerdo de empresa con la representación legal de los trabajadores o formalizar un documento interno consultado a la representación legal de los trabajadores y, sobre todo, que sea conocido por las personas trabajadoras.

c) La adopción de cualquier medida en relación con el uso por el empleador de estos dispositivos y el tratamiento de datos obtenidos de su uso deberá tanto contar con la previa comunicación expresa, clara e inequívoca a la representación legal de los trabajadores, como atender a la existencia de un fin legítimo, y respetar los principios de proporcionalidad e intervención mínima.

d) Todas las personas deberán ser informados de los derechos que les asisten relativos a la protección de sus datos de carácter personal, así como del contenido de los criterios de utilización del uso de dispositivos digitales en el ámbito laboral y del tratamiento, información y datos obtenidos a través de dichos sistemas.

e) Los datos de carácter personal objeto de tratamiento deberán ser adecuados, pertinentes y limitados en relación con los fines para los que son tratados. Todos los derechos contenidos en este capítulo quedan afectos al posible ejercicio de los trabajadores de sus derechos de acceso, rectificación, limitación del tratamiento y supresión de datos.

f) Sin perjuicio de lo específicamente recogido en la Ley de Prevención de Riesgos Laborales relativos a la seguridad y salud de los trabajadores, es obligación del empresario la de consultar a los mismos, con la debida antelación, sobre la adopción de cualquier decisión relativa a la planificación y la organización del trabajo en la empresa y la introducción de nuevas tecnologías, en todo lo relacionado con las consecuencias que éstas pudieran tener para la seguridad y la salud de los trabajadores, derivadas de la elección de los equipos, la determinación y la adecuación de las condiciones de trabajo y el impacto de los factores ambientales en el trabajo. En este sentido, el Anexo del Real Decreto 488/1997, de 14 de abril, sobre disposiciones mínimas de seguridad y salud relativas al trabajo con equipos que incluyen pantallas de visualización, establece que «no deberá utilizarse ningún dispositivo cuantitativo o cualitativo de control sin que las trabajadoras y los trabajadores hayan sido informados y previa consulta con sus representantes».

> **A TENER EN CUENTA.** Los protocolos siempre deben ser consultados a la RLT pero además deben ser conocidos por el trabajador por lo que es conveniente siempre su firma, que puede ser manuscrita o digital, pero no basta con la firma sino que es necesario contar con un recordatorio cada cierto tiempo o la realización de jornadas informativas sobre la materia.

Tendrán la consideración de **modificaciones sustanciales de las condiciones de trabajo**, entre otras, las que afecten a las siguientes materias:

– **Jornada de trabajo.** Según la STS, rec. 156/2011, de 17 de abril de 2012 ECLI:ES:TS:2012:3078 supone modificación sustancial de las condiciones de trabajo la alteración realizada por la empresa de manera unilateral del sistema de cómputo de la jornada de trabajo, aunque no modifique el número de horas semanales, si afecte al sistema de retribución tradicionalmente vinculado al cómputo diario de la jornada, no semanal.

– **Horario y distribución del tiempo de trabajo.**

– **Régimen de trabajo a turnos.**

– **Sistema de remuneración y cuantía salarial.**

– **Sistema de trabajo y rendimiento.**

– **Funciones**, cuando excedan de los límites que para la movilidad funcional previstos en el art. 39 del ET.

De esta forma, cualquier transformación digital o tecnológica que pueda tener efectos sobre las materias citadas ha de ser implementada siguiendo el procedimiento fijado por el art. 41 del ET.

> **JURISPRUDENCIA**
>
> **STS n.º 225/2024, de 6 de febrero del 2024, ES:TS:2024:566**
>
> Necesidad de participación de los representantes de los trabajadores en el proceso de elaboración de aquellos criterios de utilización de dispositivos digitales puesto a disposición de los trabajadores para la realización del trabajo convenido y respeto a los estándares mínimos de protección de la intimidad.

> **RESOLUCIÓN RELEVANTE**
>
> **STSJ de Galicia n.º 5240/2020, de 29 de diciembre de 2020, ECLI:ES:TSJ-GAL:2020:7591**
>
> Se considera la existencia de modificación sustancial de carácter colectivo la implantación de una herramienta informática multiplataforma sobre registro de jornada y desconexión digital, destinada a dar cumplimento a aquel deber legal de registro de jornada impuesto por el art. 34 del ET. Dado que la implantación del nuevo sistema ha tenido lugar sin respetar lo dispuesto en el art. 41.4 del Estatuto de los Trabajadores, la misma se declarada nula, en atención a lo establecido en el art. 138.7 de la LRJS, con las consecuencias legales inherentes de que: «los traba-

jadores/as afectados por el presente conflicto colectivo tienen derecho a ser repuestos en las mismas condiciones de trabajo que se les venían aplicando antes de la modificación sustancial impugnada en el presente conflicto colectivo, consistente en la supresión unilateral del horario reducido de los días 24, 31 de diciembre (el 5 de enero no ha resultado acreditado), para los que realizan su jornada en horario de 08 a 15 horas, (horario más habitual en las oficinas de red) y que procede condenar a la demandada BBVA, a reponer a los trabajadores/as afectados en dichas condiciones de trabajo, en los términos fijados y que se les venían aplicando antes de la decisión impugnada en el presente conflicto colectivo. No procediendo haber lugar a la petición contenida en la letra b) del suplico de la demanda, al excederse dicha pretensión de los términos y consecuencias de la declaración de nulidad, previstas en el artículo 138 de la Ley 36/2011, de 10 de Octubre, Reguladora de la Jurisdicción Social».

CUESTIÓN

¿Los empleados públicos tienen derecho a la desconexión digital?

El art. 14.j bis) del TREBEP reconoce el derecho a la intimidad en el uso de dispositivos digitales puestos a disposición de los empleados públicos y a la desconexión digital en los términos establecidos en la legislación vigente en materia de protección de datos personales y garantía de los derechos digitales. De esta forma, siguiendo el art. 88.1 de la LOPDP, a las personas trabajadoras del sector público se le reconoce el derecho a la desconexión digital durante su tiempo de descanso, permisos y vacaciones, así como de su intimidad personal y familiar.

2.
¿QUÉ ES LA DESCONEXIÓN DIGITAL Y CÓMO LLEVARLA A CABO?

Los trabajadores y los empleados públicos tendrán derecho a la desconexión digital a fin de garantizar, fuera del tiempo de trabajo legal o convencionalmente establecido, el respeto de su tiempo de descanso, permisos y vacaciones, así como de su intimidad personal y familiar.

2.1. Concepto de desconexión digital

El derecho a la desconexión digital se conceptúa como la **limitación al uso de las tecnologías de la comunicación fuera del tiempo de trabajo**, a fin de garantizar el respeto del tiempo de descanso, permisos y vacaciones o bajas por enfermedad (es decir, durante todo el tiempo que no sea de trabajo, conforme a la definición de la Directiva 2003/88/CE), así como a su intimidad personal y familiar. (**STSJ de Madrid n.º 628/2020, de 8 de julio de 2020, ECLI:ES:TSJM:2020:7899** y STSJ de Cataluña n.º 2843/2023, de 5 de mayo 2023, ECLI:ES:TSJCAT:2023:4817).

En ese contexto, las empresas elaborarán un **protocolo** que podrá contemplar, entre otros aspectos, el derecho de desconexión digital y, especialmente, tanto los supuestos de realización total o parcial del trabajo a distancia así como en el domicilio de las personas trabajadoras, como aquellos en los que, a título enunciativo, la prestación laboral exija disponibilidad o realización de guardias fuera del horario laboral, en la que se definirán las modalidades de ejercicio del derecho a la desconexión y las acciones de formación y sensibilización del personal sobre un uso razonable de las herramientas tecnológicas.

A TENER EN CUENTA. Hay que recordar que el art 88 de la LOPDGDD recoge el derecho a la desconexión digital en el ámbito laboral, por el cual todos «los trabajadores y los empleados públicos tendrán derecho a la desconexión digital a fin de garantizar, fuera del tiempo de trabajo legal o convencionalmente establecido, el respeto de su tiempo de descanso, permisos y vacaciones, así como de su intimidad personal y familiar». Para ello, «el empleador, previa audiencia de los representantes de los trabajadores, elaborará una política interna en la que definirán las modalidades de ejercicio del derecho a la desconexión y las acciones de formación y de sensibilización del personal sobre un uso razonable de las herramientas tecnológicas que evite el riesgo de fatiga informática».

El deber empresarial de garantizar la desconexión digital (art. 88 de la LOPDGDD) puede concretarse en **cuatro aspectos clave**:

– Limitación del uso de los medios tecnológicos en el ámbito laboral a la duración máxima de la jornada y fijada normativamente o vía convenio colectivo.

– Elaboración de una política interna en consenso con la representación legal de las personas trabajadoras definiendo las modalidades de ejercicio del derecho a la desconexión.

– Acciones de formación y de sensibilización del personal y directivos sobre un uso razonable de las herramientas tecnológicos que evite el riesgo de fatiga informática.

– Una organización adecuada de la jornada laboral de forma que sea compatible con la garantía del descanso en base al registro horario.

RESOLUCIÓN RELEVANTE

STSJ de Galicia n.° 1158/2024, rec. 5647/2023, de 4 de marzo del 2024, ECLI:ES:TSJGAL:2024:1944

Teniendo en cuenta que la empresa envió al trabajador fuera del horario laboral varios correos, la sala estima vulnerado el derecho a la desconexión digital: «(...) dicho derecho está vinculado, no solo al derecho del trabajador a no responder a las comunicaciones del empresario o de terceros, sino también al deber de abstención de la empresa a no ponerse en contacto con el trabajador, y así se recoge expresamente en el convenio colectivo de aplicación [estatal de las empresas de seguridad privada], en el art 57, que prevé que no se realizarán, con carácter general, salvo alguna situación de urgencia, llamadas telefónicas o envío de correos electrónicos, y salvo el correo enviado en fecha de 31/03/223 por el coordinador de zona de la demandada fuera del horario laboral al actor sobre reforzamiento de especial intensidad de más medidas correspondientes a nivel 4 del plan de prevención protección y respuesta antiterrorista, (que obviamente entra en el supuesto excepcional de situación de urgencia, los restantes correos enviados por la empresa (coordinador de zona al actor, fuera del horario laboral, suponen una clara vulneración del derecho a la desconexión digital, no acreditando la empresa la razón justificativa de tal envío de correos al actor fuera del horario laboral».

La sala considera por la vulneración del derecho a la desconexión digital, habida cuenta del escaso número de correos electrónicos enviados fuera del horario laboral del actor y por tanto del escaso perjuicio y daño moral se estima adecuada la cantidad de 300 euros de indemnización por este concepto.

2.2. Medidas de desconexión digital

Dentro de las medias en materia de desconexión digital que la organización puede desarrollar destacan:

2.2.1. Limitación del uso de los medios tecnológicos

Una de las principales medidas de desconexión digital es la limitación del uso de los medios tecnológicos en el ámbito laboral a la duración máxima de la jornada.

El acceso al correo electrónico de la persona trabajadora por parte de la empresa, su utilización dentro del horario laboral con fines privados, o el uso extralaboral del mismo, entre otras casuísticas, son asuntos bastante controvertidos cuya judicialización muestra el conflicto entre la necesidad de cumplir las garantías de inviolabilidad de la persona del trabajador promulgadas por el art. 18 del Estatuto de los Trabajadores y el poder de dirección promulgado por el art. 20 del mismo texto legal.

Aplicando doctrina jurisprudencial en la materia, tanto del Tribunal Constitucional y Tribunal Supremo como del Tribunal Europeo de Derechos Humanos, la **SJS Palma de Mallorca n.º 291/2019, de 30 de agosto de 2019, ECLI:ES:JSO:2019:3055**, avala el despido de una persona trabajadora por utilización reiterada del ordenador de empresa para navegar por Internet con fines no laborales, existiendo una clara y concreta prohibición empresarial. El JS de Palma de Mallorca basa su decisión en aspectos como:

- Inexistencia de una posible vulneración del derecho a la intimidad, toda vez que la política de uso de medios informáticos no solo se comunicó a los trabajadores como anexo adjunto a su contrato de trabajo, sino que se recordó a través de la circular informativa que les fue remitida a todos (recordando doctrina constitucional y recogida en las **STS n.º 226/2017, de 17 de marzo de 2017, ECLI:ES:TS:2017:1265, STS, rec. 966/2006, de 26 de septiembre de 2007, ECLI:ES:TS:2007:612, y STS, rec. 1826/2010, de 8 de marzo de 2011, ECLI:ES:TS:2011:1323**). Es importante recalcar que no es suficiente elaborar la política, sino que es necesaria la constante comunicación de la misma a los trabajadores.

- Se entiende que la comprobación de los accesos a través de una investigación más exhaustiva del ordenador que utilizaba la persona trabajadora era imprescindible para poder averiguar si, en efecto, se estaba llevando a cabo un uso inadecuado de Internet por su parte.

- Se trata de una actuación proporcionada por cuanto no se accedió a ningún dispositivo ni aparato personal, sino únicamente al registro de los accesos a Internet que constaban realizados desde el ordenador instalado en la oficina que utilizaba el trabajador, y la investigación exhaustiva de los mismos se centra en unas fechas concretas.

- Al estar prohibido expresamente el acceso a internet para fines particulares, esta prohibición implica una total ausencia de tolerancia empresarial, por lo que en dichas condiciones el trabajador afectado sabe que su acción de utilizar su ordenador para fines personales no es correcta y que está utilizando un medio que se encuentra lícitamente sometido a la vigilancia del empresario, por lo cual no puede albergar una expectativa razonable de intimidad porque conoce la prohibición y la posibilidad de control empresarial.

La **STSJ Madrid n.º 76/2013, de 1 de febrero de 2013, ECLI:ES:TSJM:2013:832,** concluye que no supone lesión del derecho fundamental a la libertad sindical la transmisión de información y documentación por la empresa a las secciones sindicales, a través de una cuenta nueva especialmente habilitada para ello en el correo corporativo que permite, con las mayores garantías de seguridad, el flujo de información, y no a través de la cuenta ajena al correo corporativo designada por la sección sindical.

2.2.2. Elaboración de una política interna

Otra buena práctica en desconexión digital es impulsar una política interna en consenso con la representación legal de las personas trabajadoras definiendo las modalidades de ejercicio del derecho a la desconexión.

En el uso por el trabajador de los medios informáticos facilitados por la empresa pueden producirse conflictos que afectan a la intimidad de los trabajadores, tanto en el correo electrónico, en el que la implicación se extiende también al secreto de las comunicaciones, como en la denominada «navegación» por internet y en el acceso a determinados archivos personales del ordenador. **(STS, rec. 966/2006, de 26 de septiembre de 2007, ECLI:ES:TS:2007:6128, y STSJ La Rioja n.º 175/2011, de 23 de mayo de 2011, ECLI:ES:TSJLR:2011:357).**

Estos conflictos surgen porque existe una utilización personalizada y no meramente laboral o profesional del medio facilitado por la empresa. Esa utilización personalizada se produce como consecuencia de las dificultades prácticas de establecer una prohibición absoluta del empleo personal del ordenador —como sucede también con las conversaciones telefónicas en la empresa— y de la generalización de una cierta tolerancia con un uso moderado de los medios de la empresa.

Pero, al mismo tiempo, hay que tener en cuenta que se trata de medios que son propiedad de la empresa y que esta facilita al trabajador para utilizarlos en el cumplimiento de la prestación laboral, por lo que esa utilización queda dentro del ámbito del poder de vigilancia del empresario (art. 20.3 del ET), implica que este «podrá adoptar las medidas que estime más oportunas de vigilancia y control para verificar el cumplimiento por el trabajador de sus obligaciones y deberes laborales», aunque ese control debe respetar «la consideración debida» a la «dignidad» del trabajador.

Lo que debe hacer la empresa, de acuerdo con las exigencias de buena fe, es establecer previamente las reglas de uso de esos medios —con aplicación de prohibiciones absolutas o parciales— e informar a los trabajadores de que va a existir control y de los medios que han de aplicarse en orden a comprobar la corrección de los usos, así como de las medidas que han de adoptarse, en su caso, para garantizar la efectiva utilización laboral del medio cuando sea preciso, sin perjuicio de la posible aplicación de otras medidas de carácter preventivo, como la exclusión de determinadas conexiones.

En el ámbito de la empresa, y de forma negociada con la representación legal de las personas trabajadoras, se podrá elaborar un protocolo que formalice este aspecto.

2.2.3. Acciones de formación y de sensibilización

Otra técnica en auge es la implantación de acciones de formación y de sensibilización del personal y directivos sobre un uso razonable de las herramientas tecnológicas que evite el riesgo de fatiga informática.

La negociación de las necesidades de formación continua en la empresa y su planificación, en función de las necesidades, son imprescindibles para la innovación permanente. Dentro de esta formación, es recomendable poner en marcha actuaciones de comunicación y sensibilización dirigidas a las plantillas, a los mandos intermedios y a la propia dirección de la empresa sobre el uso razonable de las comunicaciones y medios digitales [*Acuerdo Interprofesional de Cataluña para los años 2018-2020* (DOGC núm. 7702, de 7.9.2018)]. Es decir, dar a conocer las pautas de trabajo derivadas del protocolo fijado por la empresa.

Puesto que la transformación digital es un factor de reestructuración de las empresas con potenciales efectos sobre el empleo y las características y condiciones de trabajo, vía negociación colectiva empezamos a encontrar instrumentos para facilitar una adecuada y justa gobernanza del impacto de este fenómeno sobre el empleo, enfocado principalmente hacia la anticipación de cambios que parecen evidentes y sus efectos. Como ejemplo, el *XXIV convenio colectivo del sector de la banca* (BOE núm. 76 de 30/03/2021) contiene dos referencias novedosas asociadas a lo que se denomina «Transformación digital»:

a) **Derecho a la educación digital en el ámbito laboral**: «Las Empresas se comprometen a formar su personal, en las competencias y habilidades digitales necesarias para afrontar la transformación digital y facilitar así su reconversión digital y la adaptación a los nuevos puestos de trabajo, así como para evitar y erradicar las brechas digitales y garantizar su empleabilidad. Por su parte, las personas trabajadoras deberán participar en este tipo de acciones formativas para su desarrollo y actualización permanente».

b) **Derecho ante la inteligencia artificial**: «Las nuevas herramientas basadas en algoritmos pueden aportar valor hacia una gestión más eficiente de las empresas, ofreciendo mejoras en sus sistemas de gestión. Sin embargo, el desarrollo creciente de la aportación de la tecnología requiere de una implantación cuidadosa cuando se aplica en el ámbito de las personas. Por ello, las personas trabajadoras tienen derecho a no ser objeto de decisiones basadas única y exclusivamente en variables automatizadas, salvo en aquellos supuestos previstos por la ley, así como derecho a la no discriminación en relación con las decisiones y procesos, cuando ambos estén basados únicamente en algoritmos, pudiendo solicitar, en estos supuestos, el concurso e intervención de las personas designadas a tal efecto por la empresa, en caso de discrepancia.

Las empresas informarán a la RLT sobre el uso de la analítica de datos o los sistemas de inteligencia artificial cuando los procesos de toma de decisiones en materia de recursos humanos y relaciones laborales se basen, exclusivamente en modelos digitales sin intervención humana. Dicha información, como mínimo, abarcará los datos que nutren los algoritmos, la lógica de funcionamiento y la evaluación de los resultados».

2.2.4. Organización adecuada de la jornada laboral

La empresa debe implantar una organización adecuada de la jornada laboral de forma que sea compatible con la garantía del descanso en base al registro horario.

Solamente si la empresa ha establecido pautas claras sobre tiempo de trabajo respetuosas con la regulación legal y convencional sobre jornada y descansos y si, además, establece, de acuerdo con el trabajador, instrumentos de declaración y control del tiempo de trabajo a distancia o en el domicilio, sería posible admitir que una conducta del trabajador en vulneración de dichas pautas y omitiendo los instrumentos de control empresarial pudiera dar lugar a exceptuar el pago de las correspondientes horas y su cómputo como tiempo de trabajo. (**STSJ Castilla y León, de 3 de febrero de 2016, ECLI:ES:TSJCL:2016:281**).

Dentro de la desconexión digital el registro horario será el que permita verificar la existencia de excesos de jornada laboral así como definir los periodos de conectividad no obligatoria por parte de la persona trabajadora.

CUESTIÓN

¿Qué puede ocurrir si no se responde al teléfono, correo electrónico o _WhatsApp_ del jefe fuera del horario laboral? ¿Y dentro del horario laboral?

Como ejemplo de medidas concretas para garantizar el derecho a la desconexión digital, podemos citar (Acuerdo de desconexión digital y registro horario de la compañía Telefónica firmado en junio de 2019):

- Derecho a no responder a ninguna comunicación, fuere cual fuere el medio utilizado (correo electrónico, _WhatsApp_, teléfono, etc.), una vez finalizada su jornada laboral, salvo que concurran circunstancias de causa de fuerza mayor o que supongan un grave, inminente o evidente perjuicio empresarial o del negocio, cuya urgencia temporal necesita indubitadamente de una respuesta inmediata.

- Compromiso de las personas trabajadoras al uso adecuado de los medios informáticos y tecnológicos puestos a disposición por la empresa, evitando en la medida de lo posible su empleo fuera de la jornada estipulada.

- La convocatoria de reuniones de trabajo, tanto a nivel interno como las que se lleven a cabo con clientes, así como la formación obligatoria, se realizarán teniendo en cuenta el tiempo aproximado de duración y, preferiblemente, no se extenderán hasta más tarde de la finalización de la jornada ordinaria de trabajo, a fin de que no se vea afectado el tiempo de descanso de las personas trabajadoras.

- Se garantiza el derecho a la desconexión digital durante el periodo que duren sus vacaciones, días de asuntos propios, libranzas, descanso diario y semanal, permisos, incapacidades o excedencias, en los mismos términos, incluido para el personal fuera de convenio.

Insistiendo en lo dicho, el derecho a la desconexión digital fuera del horario de trabajo se conceptúa como la limitación al uso de las tecnologías de la comunicación (mensajerías y correos electrónicos en su mayor medida) para garantizar el tiempo de descanso y vacaciones de los trabajadores.

A falta de una concreción por parte de la doctrina o jurisprudencia, hemos de entender el derecho a desconexión como un derecho absoluto (para algunos incluso derecho fundamental) y que, por tanto, podrá ejercitarse por las personas trabajadoras en base a la LOPDGDD o por infracción de la LISOS (art. 20.bis del Estatuto de los Trabajadores y arts. 87 y 88 de la LOPDGDD).

2.2.5. Protocolo de desconexión digital

El protocolo de desconexión digital, de acuerdo con lo previsto por los arts. 88 de la LOPDGDD y 20 bis del Estatuto de los trabajadores, es el **documento donde la empresa formaliza su política interna de desconexión digital**.

Como desarrollaremos posteriormente, todas las empresas están legalmente obligadas a desarrollar un protocolo de desconexión digital, independientemente de su tamaño, que comprenderá:

– Definición del derecho a la desconexión digital y aquellos supuestos en los que se aplica (ej.: descanso, permisos y vacaciones).

– Especificar correctamente las medidas para garantizar el derecho a la desconexión digital (ej.: prohibición del envío de correos electrónicos y mensajes fuera del horario laboral, prohibición de llamadas telefónicas los fines de semana, convocatoria de reuniones en la franja horaria de presencia obligatoria, etc.).

– Excepciones al derecho a la desconexión digital (situaciones de urgencia, guardia o singularidades de la actividad laboral).

– Medidas de difusión entre todos los trabajadores (incluidos directivos) por el medio que se considere más oportuno.

– Forma de seguimiento de las medidas implantadas y evaluación de las mismas.

RESOLUCIÓN RELENTE

STSJ de Cataluña n.° 2843/2023, 5 de mayo de 2023, ECLI:ES:TSJCAT:2023:4817

Se desestima un recurso en el que un trabajador reclamaba una indemnización adicional por la vulneración del derecho a la desconexión digital, en relación con los artículos 18.4 de la CE y 88.4 de la LOPD, así como el derecho a la salud previsto en el artículo 15 de la CE. El TSJ no considera que los incumplimientos relacionados con la desconexión digital hayan implicado la violación de derechos fundamentales a la intimidad personal y familiar (art. 18 de la CE) ni al derecho a la salud (art. 15 de la CE) y desestima la indemnización por daños morales que conllevaría la vulneración de los citados derechos.

STS, rec. 391/2023, de 28 de septiembre de 2023, ECLI: ES:TSJM:2023:10259

Tanto el derecho de desconexión digital como el protocolo establecido a estos efectos son de aplicación a toda la plantilla, incluidos los directivos.

2.2.6. Plan de igualdad y su relación con las medidas desconexión digital

Dentro del análisis de las «condiciones de trabajo» el diagnóstico previo plan de igualdad recopilará información necesaria para medir y evaluar aspectos como la intimidad en relación con el entorno digital y la desconexión digital (Anexo del Real Decreto 901/2020, de 13 de octubre).

No hemos de olvidar que **dentro de un plan de igualdad (PI) es posible acordar un acuerdo de desconexión digital o la necesidad de realizar e implantar un protocolo interno de desconexión digital.** Esta posibilidad se acentúa con el Real Decreto 901/2020, de 13 de octubre, donde a la hora de realizar el análisis de las «condiciones de trabajo» impone el diagnóstico previo, mediante la recopilación de la «información necesaria para medir y evaluar, a través de indicadores, cuantitativos y cualitativos, las condiciones de trabajo de todo el personal, incluido los trabajadores y trabajadoras puestos a disposición en la empresa usuaria, teniendo en cuenta los aspectos generales que afecten al tiempo de trabajo, la movilidad funcional y geográfica, la estabilidad laboral de mujeres y hombres», entre otros aspectos sobre **la intimidad en relación con el entorno digital y la desconexión.**

También se tendrá en cuenta la implantación y revisión de sistemas de organización y control del trabajo, estudios de tiempos, y valoración de puestos de trabajo y su posible impacto con perspectiva de género, lo que relaciona directamente con el área de «ejercicio corresponsable de los derechos de la vida personal, familiar y laboral». Asimismo, las acciones de sensibilización, en cualquier nivel de la organización, sobre el buen uso de las tecnologías que, en todo caso, eviten el riesgo de fatiga informática, promoviendo acciones de sensibilización/ formación dirigidas a todos sus profesionales, a fin de informar sobre los riesgos, desafíos y buenas prácticas relacionados con el uso de las herramientas digitales tendrían también cabida en el área de «salud laboral».

Tanto si como medida tras el diagnóstico previo se fijan actuaciones concretas para favorecer la desconexión, como si el propio plan de igualdad (PI) obliga a la promulgación de un protocolo específico, el PI resultará una herramienta más a la hora de reconocer el derecho a la desconexión digital durante las vacaciones, días de asuntos propios, libranzas, fines de semana, reducciones de jornada, así como los permisos, incapacidades, o excedencias (II Plan de Igualdad. CaixaBank). En concreto, del análisis de distintos planes de igualdad, podemos estandarizar su utilización como herramienta que permite:

— **Potenciar medidas para garantizar el derecho a la desconexión:** limitar la posibilidad de usar el correo electrónico de la empresa a determinadas horas, establecer días sin correo electrónico, garantizar la desconexión digital instalando sistemas de desconexión automática que inhabilite la recepción y envío de correos electrónicos fuera de la jornada laboral, limitar el horario del wifi de la empresa, etc.

— **Evitar el uso inadecuado de dispositivos fuera de la jornada laboral** con objeto de impedir interrupciones laborales (por ejemplo, limitando la posibilidad de usar el correo electrónico de la empresa a determinadas horas, incorporando «siestas digitales», estableciendo días sin correo electrónico, etc.).

− **Garantizar el disfrute del tiempo de ocio y descanso físico y mental** (por ejemplo, garantizando la desconexión digital instalando sistemas de desconexión automática de dispositivos, inhabilitando la recepción y envío de correos electrónicos fuera de la jornada laboral, limitando el acceso remoto a la intranet una vez finalizado el horario de trabajo, etc.).

− **Fomento de campañas de sensibilización** en el uso de las TIC para trabajadores, mandos intermedios y superiores jerárquicos.

> **CUESTIÓN**
>
> **¿Qué son las siestas digitales?**
>
> Empresas como Google o Intel han incorporado este concepto a sus políticas de desconexión digital entendiéndolas como «pequeños descansos» en el uso de las nuevas tecnologías en el ámbito laboral.

Medidas dentro de un plan de igualdad de empresa relativas a las condiciones de trabajo

Las «condiciones de trabajo», pueden definirse como el conjunto de obligaciones y derechos que regulan las relaciones de trabajo. Su obligado diagnóstico [art. 46.2 i) de la LOI] ha de centrarse en la **ordenación del tiempo de trabajo en base a las nuevas obligaciones normativas** impulsadas por el Real Decreto 901/2020, de 13 de octubre, la Ley 10/2021, de 9 de julio, de trabajo a distancia o cualquier aspecto del convenio colectivo. En este caso, con perspectiva de género se abordarán las posibles deficiencias de la organización sobre ejes como:

− Prolongación de la jornada laboral (antes de su comienzo o al finalizar la misma) y realización del trabajo en horarios inusuales (noche, fin de semana, etc.) debido a la conectividad permanente y al uso inadecuado de las TIC.

− Mecanismos de flexibilidad de jornada laboral implantados (generalmente analizado desde la perspectiva de las medidas en la conciliación de la vida familiar y laboral).

− Teletrabajo en relación a las limitaciones reguladas por la Ley 10/2021, de 9 de julio, de trabajo a distancia.

− Implantar sistemas de remuneración que valoren más la productividad y el cumplimiento de objetivos que la presencia física en el puesto de trabajo.

− Potenciar el uso de los medios tecnológicos que facilitan la flexibilidad y evitan desplazamientos y viajes de trabajo (videoconferencia y otros).

− Realizar un avance en la organización del tiempo de trabajo que permita mejorar el sistema de turnos, la distribución de la jornada y las concreciones horarias y facilite alternativas al trabajo a tiempo parcial y a la reducción de jornada.

Desde el punto de la desconexión digital, importará la correcta especificación del respeto a los descansos, la existencia de un protocolo claro al efecto, o el correcto registro de horas asociadas a la corresponsabilidad. Estos aspectos permitirán fijar medidas concretas en caso de encontrar desviaciones con perspectiva de género.

Medidas dentro de un plan de Igualdad de empresa relativas al ejercicio corresponsable de los derechos de la vida personal, familiar y laboral

Estudiar medidas que faciliten la conciliación en todos los grupos de mandos y equipo directivo, tales como la desconexión digital, rango horario de las reuniones dentro y fuera de la empresa y garantizar que el disfrute de los permisos, licencias, excedencias o reducciones de jornada sin que los mismo puedan dar lugar a ningún tipo de discriminación en ninguno de los niveles de la empresa o promoción, será otro objetivo dentro de los planes de igualdad.

El objetivo del PI será claro, fijar herramientas para terminar con la dificultad de conciliar la vida familiar y laboral, debido a la difuminación de las barreras entre el tiempo de trabajo, de ocio y de descanso que ocasiona el uso inadecuado de las TIC una vez finalizada la jornada laboral.

Medidas dentro de un plan de igualdad relativas a la salud laboral

La no desconexión digital puede dar lugar a una serie de riesgos psicosociales en la persona trabajadora sobradamente conocidos. Las «NTP 1122. Las Tecnologías de la Información y la Comunicación (TIC) (I): nuevas formas de organización del trabajo. Año 2018. INSST» y «NTP 1123. Las Tecnologías de la Información y la Comunicación (TIC) (II): factores de riesgo psicosocial asociados a las nuevas formas de organización del trabajo. Año 2018. INSST», citan algunos de los perjuicios que deben tenerse presentes como:

- Aparición de tareas no previstas y multitarea facilitadas por el uso de las TIC.
- Posible incremento del ritmo de trabajo y la exigencia en la rapidez de respuesta.
- Posible aumento de la dependencia tecnológica para realizar el trabajo.
- Dificultad en el aprendizaje y esfuerzo continuo para el manejo de las TIC.
- Aumento de las interrupciones en el desarrollo del trabajo debido al uso de TIC, en especial en el uso del correo electrónico.
- Mayor dificultad en la toma de decisiones, un incremento de errores, etc., así como interrupciones constantes si se hace un uso inadecuado de las TIC.

- Reducción del contacto social cara a cara, sensación de aislamiento y/o sensación de soledad.
- Prolongación de la jornada laboral.
- Dificultad para contabilizar el trabajo realizado fuera de la jornada laboral.
- Disminución y dificultad para disfrutar del tiempo de descanso y/o recuperación física y mental debido a la facilidad de conexión para realizar el trabajo fuera de la jornada laboral.
- Problemas técnicos (averías, lentitud del dispositivo, etc.) y/o de infraestructura (ausencia de enchufes, etc.) pueden impedir la realización del trabajo usando TIC en diferentes localizaciones fuera de las instalaciones de la empresa.
- Riesgos ergonómicos en el uso de las nuevas tecnologías con pantallas de visualización.
- Sobrecarga de información al acceder, gestionar y utilizar cantidades ingentes de información que se obtiene mediante diferentes vías: conexión a Internet, recepción de correos electrónicos, etc.
- Pérdida de información valiosa al extraviarse y/o averiarse el dispositivo usado.
- Desafío a la hora de proteger la información confidencial.
- Inadecuada gestión del conocimiento de los trabajadores remotos si estos no tienen forma de compartir con sus compañeros el conocimiento que van adquiriendo día a día, fruto del desarrollo de su actividad laboral, favoreciendo la pérdida de los mismos.
- Dificultad para la coordinación de actividades realizadas por trabajadores fuera del centro de trabajo, debido a problemas en la comunicación e interacción con y entre los trabajadores remotos.
- Dificultad y desafíos en la supervisión del trabajo realizado.
- Monitorización (vigilancia) del trabajador y del cumplimiento de sus objetivos de manera desproporcionada y despersonalizada.
- Tareas inesperadas y no planificadas suceden a otras tareas en curso de manera incesante.
- Ausencia de regulación relativa al trabajo digital, la desconexión digital, etc.
- Localizaciones ergonómicamente no adecuadas para realizar el trabajo (cafeterías, asiento del avión, etc.).
- Trabajadores con sensación de búsqueda constante de un espacio físico donde trabajar: salas de espera en aeropuertos, aviones, trenes, telecentros de trabajo, espacios de *coworking* (espacios de trabajo compartidos), *techub* (espacios donde una red internacional de emprendedores pueda trabajar, colaborar, relacionarse y aprender), etc.

CUESTIÓN

¿Cómo puede garantizar el plan de Igualdad el derecho al descanso de las personas trabajadoras y una conciliación corresponsable?

El derecho a la desconexión supone activar una cultura empresarial en la que las organizaciones sean sujetos activos vigilando, controlando, informando y realizando seguimientos y evaluaciones del impacto de las distintas medidas impulsadas para que los descansos/ausencias no son interrumpidos.

Para entender la importancia del Plan de igualdad en esta área es suficiente con recordar su definición:

«Art. 46 de la LOI

1. Los planes de igualdad de las empresas son un conjunto ordenado de medidas, adoptadas después de realizar un diagnóstico de situación, tendentes a alcanzar en la empresa la igualdad de trato y de oportunidades entre mujeres y hombres y a eliminar la discriminación por razón de sexo.

Los planes de igualdad fijarán los concretos objetivos de igualdad a alcanzar, las estrategias y prácticas a adoptar para su consecución, así como el establecimiento de sistemas eficaces de seguimiento y evaluación de los objetivos fijados».

Supondrá, en definitiva, la herramienta fundamental para promulgar: protocolos, instrucciones, manuales, circulares o guías de buenas prácticas en el manejo de las TICs sujetas a control y evaluación.

3.
EL REGISTRO HORARIO COMO MECANISMO DE CONTROL DEL DERECHO A LA DESCONEXIÓN DIGITAL

El derecho a la desconexión digital está estrechamente relacionado con el tiempo efectivo de prestación de servicios. Esto convierte la obligación de registro horario en una de las claves para garantizar el derecho a la desconexión digital y el cumplimiento real del tiempo de trabajo efectivo.

3.1. Obligación de registrar la jornada laboral realizada

Mediante el art. 10 del Real Decreto-Ley 8/2019, de 8 de marzo, de medidas urgentes de protección social y de lucha contra la precariedad laboral en la jornada de trabajo, se introduce en el Estatuto de los Trabajadores un nuevo apartado 9 al artículo 34, sobre registro de jornada (**STS n.° 299/2022, de 5 de abril de 2022, ECLI:ES:TS:2022:1434**):

> «9. La empresa garantizará el registro diario de jornada, que deberá incluir el horario concreto de inicio y finalización de la jornada de trabajo de cada persona trabajadora, sin perjuicio de la flexibilidad horaria que se establece en este artículo.
>
> Mediante negociación colectiva o acuerdo de empresa o, en su defecto, decisión del empresario previa consulta con los representantes legales de los trabajadores en la empresa, se organizará y documentará este registro de jornada.
>
> La empresa conservará los registros a que se refiere este precepto durante cuatro años y permanecerán a disposición de las personas trabajadoras, de sus representantes legales y de la Inspección de Trabajo y Seguridad Social».

Este artículo, que establece la obligación del registro de jornada de carácter general para todas las personas trabajadoras, se completa **con dos especialidades**:

– **Registro de la jornada laboral de todas las personas trabajadoras**: «a estos efectos, la jornada de los trabajadores a tiempo parcial se registrará día a día y se totalizará mensualmente, entregando copia al trabajador, junto con el recibo de salarios, del resumen de todas las horas realizadas en cada mes, tanto las ordinarias como las complementarias» [art. 12.4 c) del ET].

El empresario deberá conservar los resúmenes mensuales de los registros de jornada durante un periodo mínimo de cuatro años.

En caso de incumplimiento de las obligaciones de registro, el contrato se presumirá celebrado a jornada completa, salvo prueba en contrario. (STSJ de las Islas Canarias n.º 889/2018, de 21 de septiembre, ECLI:ES:TSJICAN:2018:1729).

– **Especialidades del registro de la jornada laboral para horas extraordinarias**: «A efectos del cómputo de horas extraordinarias, la jornada de cada trabajador se registrará día a día y se totalizará en el periodo fijado para el abono de las retribuciones, entregando copia del resumen al trabajador en el recibo correspondiente». La empresa se encontrará obligada a entregar al trabajador, en cada periodo de pago salarial, un comprobante de horas incluido en el recibo de salarios (art. 35.5 del ET).

Si la empresa quiere acreditar la jornada efectiva realizada por el operario, bastará con que aporte el registro diario de la misma, correspondiendo entonces al trabajador la carga de desvirtuar el mismo mediante la prueba correspondiente (**STSJ de Navarra n.º 32/2014, de 10 de febrero, ECLI:ES:TSJNA:2014:43**). Este aspecto también sería de utilidad a la hora de delimitar las franjas horarias a partir de las que operaría el derecho a desconexión digital. De esta forma, la persona trabajadora no estaría obligada a responder o atender las demandas empresariales fuera de la jornada registrada y pactada.

> **JURISPRUDENCIA**
>
> **STS n.º 41/2023 de 18 de enero del 2023, ECLI:ES:TS:2023:85**
>
> Analizando un acuerdo sobre el sistema de registro de jornada de trabajo, el TS considera ajustado a derecho, por cumplir los requisitos de ser objetivo, fiable y accesible conforme exige la STJUE n.º C-55/18, de 14 de mayo de 2019, el registro por el que el propio trabajador ha de reflejar diariamente en la aplicación informática de la empresa las horas de inicio y finalización de la jornada de trabajo, las interrupciones y periodos de descanso.
>
> **STSJ de Madrid, rec. 824/2023, 14 de marzo de 2024, ECLI:ES:TSJM:2024:3011.**
>
> Se concede mayor valor probatorio al registro de jornada firmado por la persona trabajadora frente a las conversaciones de *WhatsApp*. La sentencia se basa en el registro de jornada para concluir que no se han realizado horas extraordinarias, y el TSJ sostiene que no hay evidencia que contradiga esa conclusión en la revisión de hechos. En el caso se establece la prevalencia del registro de jornada firmado

por la trabajadora sobre las conversaciones de *WhatsApp* para determinar la realización de horas extraordinarias, aplicando la normativa laboral y la jurisprudencia correspondiente.

3.2. Sistema de registro horario de la jornada laboral

La actual reglamentación no establece fórmula alguna de registro por lo que en atención a la doctrina del TS hemos de entender válido **cualquier registro que «resulte fiable y se gestione de modo objetivo».**

CUESTIÓN

¿Qué sistema de registro será necesario implementar?

El tipo de sistema de registro responderá a la libre elección de la empresa, siempre que garantice la fiabilidad e invariabilidad de los datos y refleje, como mínimo, cada día de prestación de servicios, la hora de inicio y la hora de finalización de la jornada.

Podrá realizarse mediante sistemas manuales, analógicos o digitales.

Mediante negociación colectiva o acuerdo de empresa o, en su defecto, decisión del empresario previa consulta con los representantes legales de los trabajadores en la empresa, podría negociarse la forma de organizar y documentar este registro de jornada.

La organización y documentación del registro de jornada, ha de realizarse mediante:

ORGANIZACIÓN Y DOCUMENTACIÓN DEL REGISTRO DE JORNADA

Art. 34.9 del ET

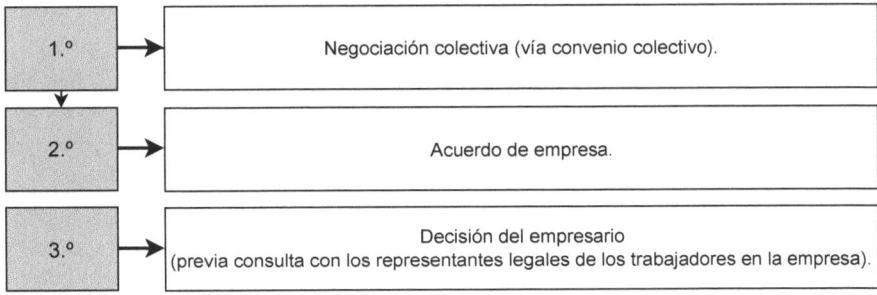

1.º	Negociación colectiva (vía convenio colectivo).
2.º	Acuerdo de empresa.
3.º	Decisión del empresario (previa consulta con los representantes legales de los trabajadores en la empresa).

RESOLUCIONES RELEVANTES

SAN n.º 116/2020, de 9 de diciembre de 2020, ECLI: ES:AN:2020:3596

Analizando la impugnación del Acuerdo Sectorial de las Cajas de Ahorro sobre registro de jornada, la AN valida el hecho de que sea el trabajador el que registre mediante su declaración las horas trabajadas diariamente. La necesidad de registro horario objetivo y fiable no se desvirtúan por el mero hecho de que sea el trabajador quien declare diariamente y mediante una aplicación informática —y excepcionalmente mediante hojas escritas— el tiempo diario efectivamente trabajado.

STJUE n.º C-55/18, de 14 de mayo de 2019

«Los artículos 3, 5 y 6 de la Directiva 2003/88/CE del Parlamento Europeo y del Consejo, de 4 de noviembre de 2003, relativa a determinados aspectos de la ordenación del tiempo de trabajo, interpretados a la luz del artículo 31, apartado 2, de la Carta de los Derechos Fundamentales de la Unión Europea y de los artículos 4, apartado 1, 11, apartado 3, y 16, apartado 3, de la Directiva 89/391/CEE del Consejo, de 12 de junio de 1989, relativa a la aplicación de medidas para promover la mejora de la seguridad y de la salud de los trabajadores en el trabajo, deben interpretarse en el sentido de que se oponen a una normativa de un Estado miembro que, según la interpretación de esa normativa adoptada por la jurisprudencia nacional, no impone a los empresarios la obligación de establecer un sistema que permita computar la jornada laboral diaria realizada por cada trabajador».

Contenido del registro de jornada

Siguiendo el **Criterio Técnico 101/2019 sobre actuación de la Inspección de Trabajo y Seguridad Social en materia de registro de jornada:**

a) Lo que debe ser objeto de registro es la jornada de trabajo realizada diariamente. Como nada se ha dicho al respecto, el registro del apartado 9 debe interpretarse de manera conjunta y sistemática con el propio artículo 34 del ET.

- No se exige expresamente el registro de las interrupciones o pausas entre el inicio y la finalización de la jornada diaria, que no tengan carácter de tiempo de trabajo efectivo.
- Mediante negociación colectiva o acuerdo de empresa o, en su defecto, decisión del empresario previa consulta con los representantes legales de los trabajadores en la empresa, el registro de jornada podrá organizarse de manera que incluya las interrupciones o pausas que se consideren, siempre y cuando el registro incluya necesariamente el horario de inicio y finalización de la jornada.
- El registro diario de jornada se configura «sin perjuicio de la flexibilidad que se establece en este artículo» (art. 34.2 y 3 del ET).
- Sería conveniente que el registro utilizado en la empresa ofrezca una visión adecuada y completa del tiempo de trabajo efectivo.

La negociación colectiva o los acuerdos de empresa referidos a la organización y documentación del registro deben ser el instrumento idóneo para precisar cómo considerar todos los aspectos relacionados con el registro de interrupciones, pausas o flexibilidad de tiempo de trabajo.

b) El registro de la jornada deberá ser diario.

- No siendo aceptable para la acreditación de su cumplimiento la exhibición del horario general de aplicación en la empresa, el calendario laboral o los cuadrantes horarios elaborados para determinados periodos, pues éstos se formulan «ex ante» y determinarán la previsión de trabajo para dicho periodo, pero no las horas efectivamente trabajadas en el mismo, que sólo se conocerán «ex post» como consecuencia de la llevanza del registro de jornada.

Solo mediante un registro diario se podrá determinar la jornada de trabajo efectivamente llevada a cabo, así como, en su caso, la realización de horas por encima de la jornada ordinaria de trabajo, legal o pactada, que serán las que tengan la condición de extraordinarias.

c) Necesidad de otros registros y especialidades.

Ya nadie discute la necesidad de un registro de jornada diario, con carácter obligatorio para todas las empresas independientemente de su actividad o tamaño, ya sea a través de medios mecánicos o manuales, reflejándose día a día y de forma individual la jornada diaria realizada por cada trabajador. No obstante, el registro previsto en el artículo 34.9 ET no enerva los registros ya establecidos en la normativa vigente que se mantienen funcionales y de acuerdo con sus propias previsiones o régimen jurídico.

- El registro diario de los contratos a tiempo parcial del artículo 12.4.c) ET.
- El registro de horas extraordinarias del 35.5 ET.
- Los registros de horas de trabajo y descanso contenidos en los arts. 10 bis, 18 bis y DA 7.ª del Real Decreto 1561/1995 sobre trabajadores móviles, trabajadores de la marina mercante y trabajadores que realizan servicios de interoperabilidad transfronteriza en el transporte ferroviario.
- Los registros de jornada en los desplazamientos transnacionales (art. 6 Ley 45/1999, de 29 de noviembre).

A pesar de la aplicación del artículo 34.9 del ET han de realizarse otros registros ya establecidos en la normativa vigente.

JURISPRUDENCIA

STS n.° 824/2019, de 4 de diciembre de 2019, ECLI: ES:TS:2019:4273

No es obligatorio registrar los excesos de jornada si se han compensado con descansos.

Localización y conservación del registro

En cuanto a la localización y conservación de los registros horarios, el citado Criterio, ha fijado:

- Los registros deberán «permanecer a disposición de las personas trabajadoras, de sus representantes legales y de la Inspección de Trabajo y Seguridad Social»:

  • Ha de poderse acceder a dichos registros en cualquier momento, cuando así sea solicitado por los trabajadores, sus representantes y por la Inspección de Trabajo y Seguridad Social.

  • Los registros tienen que estar y permanecer físicamente en el centro de trabajo, o ser accesibles desde el mismo de manera inmediata.

- En el caso de que el registro de jornada se haya instrumentado originalmente en formato papel, a efectos de su conservación podrá archivarse en soporte informático mediante el escaneo de los documentos originales, siendo guardado telemáticamente con las debidas garantías. Este archivo, estará igualmente a disposición de las personas trabajadoras, sus representantes y de la Inspección de Trabajo.

- La comprobación de la existencia del registro debe poder realizarse en el centro de trabajo, lo que evita la posibilidad de la creación posterior, manipulación o alteración de los registros; todo ello sin perjuicio de que dichos registros puedan solicitarse, además, para su presentación en comparecencia en las oficinas de Inspección o remisión a este organismo por las vías que legalmente corresponda.

- La permanencia a disposición no implica la obligación de entrega de copias, salvo que así lo disponga un convenio colectivo o exista pacto expreso en contrario, ni debe entregarse a cada persona trabajadora copia de su registro diario, sin perjuicio de facilitar su consulta personal, ni a los representantes legales de los trabajadores, lo que no obsta la posibilidad de estos últimos de tomar conocimiento de los registros de los trabajadores.

En el marco del art. 39.4 del ET «La empresa conservará los registros a que se refiere este precepto durante cuatro años y permanecerán a disposición de las personas trabajadoras, de sus representantes legales y de la Inspección de Trabajo y Seguridad Social».

Organización y documentación del registro

Será la que se determine mediante negociación colectiva, acuerdo de empresa, o, en su defecto decisión del empresario previa consulta con los representantes legales de los trabajadores en la empresa, tal y como establece el recién introducido art. 34.9 del ET.

El registro ha de ser documentado, por lo que en aquellos casos en que el registro se realice por medios electrónicos o informáticos, tales como un sistema de fichaje por medio de tarjeta magnética o similar, mediante ordenador o smartphone, la Inspección de Trabajo y Seguridad Social podrá requerir en la visita la impresión de los registros correspondientes al periodo que se considere, o bien su descarga o su suministro en soporte informático y en formato legible y tratable. Si el registro se llevara mediante medios manuales tales como la firma del trabajador en soporte papel, la Inspección podrá recabar los documentos originales o solicitar copia de estos. De no disponerse de medios para su copia, pueden tomarse notas, o muestras mediante fotografías, así como, de considerarse oportuno en base a las incongruencias observadas entre el registro de jornada, y la jornada u horario declarado, tomar el original del registro de jornada como medida cautelar regulada el artículo 13.4 de la Ley 23/2015, de 21 de julio, Ordenadora del Sistema de Inspección de Trabajo y Seguridad Social.

Registro horario y protección de datos

Los registros horarios suponen la necesidad del tratamiento de datos personales porque permiten identificar a una persona trabajadora en concreto.

Siguiendo la guía de la AEPD «La protección de datos en las relaciones laborales» podemos estandarizar que en función de cuál sea la configuración concreta del registro horario, la empresa deberá cumplir con exigencias diferentes en materia de protección de datos:

- **Cada empresa organizará y documentará el registro de jornada según sus necesidades** siguiendo las previsiones legales.
- **Principio de minimización**: el registro de jornada deberá cumplir con el principio de minimización de datos, de modo que los datos tratados sean adecuados y pertinente en relación con los fines.
- **Principio de limitación de la finalidad**: debe aplicarse estrictamente el principio de limitación de la finalidad de forma que los datos sólo deben poder utilizarse para la finalidad. Permitiendo la utilización para fines disciplinarios («la empresa, tras analizar los datos de registro de jornada, podrá conocer si alguna de las personas trabajadoras ha incumplido su horario y, por este motivo, no es necesario que la persona trabajadora haya sido informada específicamente sobre los resultados de dicho control»), la AEPD aclara que el registro horario no podría ser utilizado, por ejemplo, «para comprobar la ubicación de una persona trabajadora».
- **Evaluación de impacto relativa a la protección de datos (EIPD)**: en atención al número de trabajadores y al concreto formato empleado podría ser necesario realizar una **evaluación de impacto** (art. 35.3 del RGPD).
- **Derechos arco**: la persona trabajadora tendrá derecho a ser informada y, en su caso, a ejercitar los derechos de **acceso, rectificación, oposición al tratamiento y supresión**, con independencia de que el registro sea más o menos sofisticado. No obstante, deberá evitarse el acceso de personas no autorizadas, inclusive las propias personas trabajadoras si ese acceso permite comprobar datos de otros compañeros.
- Debe estar incluido en el **Registro de las Actividades del Tratamiento** (arts. 30 del RGPD y 31 de la LOPDGDD).
- El registro **no puede ser de acceso público** ni estar situado en un lugar visible para cualesquiera personas trabajadoras, clientes o proveedores.
- **Responsable del tratamiento**: la empresa empleadora actuará como responsable del tratamiento respecto de las personas trabajadoras, sin perjuicio de que los proveedores externos de los sistemas de registro se conviertan en encargados del tratamiento con las obligaciones que respectivamente incumben a unos y otros.
- **RLT**: respetando el citado art. 34.9 del ET los representantes de las personas trabajadoras tendrán acceso al registro horario incluyendo

los datos personales necesarios para cumplir su labor de comprobar la adecuación de los registros a la legalidad vigente en materia de jornada, remuneración, cotización y horas extraordinarias. Igualmente, el registro se organizará y documentará por lo establecido mediante negociación colectiva o acuerdo de empresa o, en su defecto, decisión del empleador previa consulta con los representantes legales de las personas trabajadoras en la empresa

– **Confidencialidad**: la información del registro se limita a personas trabajadoras interesadas, sus representantes y las entidades o autoridades que necesiten tales datos a efectos de una investigación, como la Inspección del Trabajo y Seguridad Social o los jueces.

Este aspecto se ha visto ampliado con la publicación, por parte de la AEPD, de la *Guía tratamientos de control de presencia mediante sistemas biométricos*.

CUESTIÓN

¿Es posible fichar con la huella dactilar a efectos de registro horario?

La reciente «Guía tratamientos de control de presencia mediante sistemas biométricos» establece que los sistemas biométricos se consideran un tratamiento de datos de alto riesgo, tanto para identificación como para autenticación, ya que pueden implicar la recogida de categorías especiales de datos. A pesar de que la norma en ningún momento establece la ilegalidad del fichaje por huella, la consideración como categoría especial de estos datos —como veremos— es una medida muy invasiva respecto a los derechos y libertades de las personas trabajadoras de forma que, lo «idóneo», sería recurrir a métodos menos invasivos. («Guía de la AEPD sobre la utilización de datos biométricos: ¿es legal fichar con la huella dactilar en el trabajo?» *Revista Iberley*. 2023).

JURISPRUDENCIA

STS n.º 824/2019, de 4 de diciembre, ECLI:ES:TS:2019:4273

No es obligatorio registrar la compensación con descansos del exceso de jornada.

STS n.º 582/2021, de 27 de mayo de 2021, ECLI:ES:TS:2021:2264

Validando el descuento en nómina de los retrasos en el fichaje de entrada: «El trabajador conservará el derecho a su salario si no presta servicios por causa imputable al empresario y no al trabajador. En el caso contrario, si la falta de prestación de servicios es imputable únicamente al trabajador, que al incorporarse a su puesto de trabajo se retrasa, sin causa justificada, no concurre la prestación de servicios laborales que conlleva el devengo de la retribución».

RESOLUCIONES RELEVANTES

STJUE n.º C-342/12, de 30 de mayo de 2013

Las reglas de protección de datos no pueden impedir la transmisión de la información pertinente a la Inspección de Trabajo y Seguridad Social, cuando así lo reclame en el ejercicio de sus funciones (art. 18 de la Ley 23/2015, de 21 de julio).

«1) El artículo 2, letra a), de la Directiva 95/46/CE del Parlamento Europeo y del Consejo, de 24 de octubre de 1995, relativa a la protección de las personas físicas en lo que respecta al tratamiento de datos personales y a la libre circulación de estos datos, debe interpretarse en el sentido de que un registro del tiempo de trabajo, como el controvertido en el litigio principal, que incluye la indicación de las horas en que

cada trabajador inicia y finaliza la jornada, así como de las pausas o períodos de descanso correspondientes, queda comprendido en el concepto de «datos personales» a efectos de dicha disposición.

2) Los artículos 6, apartado 1, letras b) y c), y 7, letras c) y e), de la Directiva 95/46 deben interpretarse en el sentido de que no se oponen a una normativa nacional, como la controvertida en el litigio principal, que impone al empleador la obligación de poner a disposición de la autoridad nacional competente para la supervisión de las condiciones de trabajo el registro del tiempo de trabajo, de forma que se permita su consulta inmediata, siempre que esta obligación sea necesaria para el ejercicio por esta autoridad de la misión de supervisión que le incumbe en relación con la normativa sobre condiciones de trabajo y, especialmente, de la relativa al tiempo de trabajo».

SJS - Ciudad Real, rec. 462/2019, de 19 de septiembre de 2019, ECLI:ES:JSO:2019:4592

Se condena a una empresa por obligar a sus empleados a falsear el registro horario.

STSJ del País Vasco n.º 4239/2022, de 14 de julio de 2022, ECLI:ES:TSJCAT:2022:6585

La empresa no puede alegar falta de colaboración de los trabajadores. Se sanciona a la empresa por falta de registro horario a pesar del incumplimiento de los trabajadores de las instrucciones empresariales para fichajes entrada y salida.

STSJ de Castilla y León, rec. 272/2019, de 24 de mayo, ECLI:ES:TSJCL:2019:2243 y STSJ de Cataluña n.º 4056/2023, de 26 de junio de 2023, ECLI:ES:TSJCAT:2023:6211

Sanción disciplinaria por eludir los controles horarios y fichar por otros compañeros.

3.3. Incumplimientos y sanciones de las empresas relacionados con la ausencia de registro horario

Siguiendo el art. 7.5 de la LISOS, el incumplimiento de la obligación de registro se considerará como una infracción grave en materia de relaciones laborales

> «La transgresión de las normas y los límites legales o pactados en materia de jornada, trabajo nocturno, horas extraordinarias, horas complementarias, descansos, vacaciones, permisos, registro de jornada y, en general, el tiempo de trabajo a que se refieren los artículos 12, 23 y 34 a 38 del Estatuto de los Trabajadores»

Es decir, observando el precepto vemos que las sanciones, con multas desde los 751 euros hasta los 7.500 euros, se imponen en base al registro de jornada, pero siguiendo parámetros asociados en gran medida al derecho a la desconexión digital. El citado art. 7.5 de la LISOS hace referencia a aspectos importantes en esta materia al reforzar el cumplimiento de «(...) las normas y los límites legales o pactados» en materias como:

- Jornada (art. 34 del ET).
- Trabajo nocturno y trabajo a turnos (art. 36 del ET).

– Horas extraordinarias (art. 35 del ET).

– Descanso semanal, fiestas y permisos (art. 37 del ET).

– Vacaciones (art. 38 del ET).

– Registro de jornada (art. 34 del ET).

– Horas complementarias, contrato a tiempo parcial y contrato de relevo (art. 12 del ET).

– Promoción y formación profesional en el trabajo (art. 23 del ET).

Otras consecuencias asociadas a la falta de registro de jornada laboral pueden ser:

PRESUPUESTO	INCUMPLIMIENTO (PRECEPTO INFRINGIDO)		RESULTADO DE LAS ACTUACIONES INSPECTORAS
SI registro y declaración de horas extraordinarias.	Superación del límite máximo de horas extras (art. 35.2 del ET).		- Acta de infracción (art. 7.5 de la LISOS).
No registro y/o declaración de horas extraordinarias.	Ausencia de registro de jornada (art. 35.5 del ET).		- Requerimiento. - Acta de infracción (art. 7.5 de la LISOS).
	Realización de horas extraordinarias no declaradas.	Art. 34.1 del ET.	- Si se aprecia la existencia de prolongación de jornada u otros indicativos de la existencia de horas extraordinarias: acta de infracción por superación de jornada máxima (art. 7.5 de la LISOS).
		Art. 29.1 del ET.	- Si se puede cuantificar las horas extras y no se acredita su pago: acta de infracción con estimación de perjuicios económicos (arts. 10.7 y 8.1 de la LISOS).
		Art. 29.1 del ET.	- Si consta abono irregular, sin hacerlo constar en la nómina: acta de infracción (art. 7.3 de la LISOS).
	..		Liquidación diferencias de cotización.
	Enmascaramiento de la remuneración correspondiente a horas extras en conceptos salariales diferentes (art. 147 de la LGSS).		- Comunicación a TGSS para correcta imputación en las bases de cotización. - Si se ha producido un aumento indebido de prestaciones: acta de infracción [art. 23.1 e) de la LISOS].

..	No comunicación a los representantes de los trabajadores de las horas extraordinarias realizadas (D.A. 3.ª del Real Decreto 1561/1995, de 21 de septiembre).	- Requerimiento. - Si previa denuncia: acta de infracción (art. 7.7 de la LISOS).

> **A TENER EN CUENTA.** Según los datos sobre las infracciones levantadas por la ITSS y las denuncias de las personas trabajadoras, destacan dos tipos de incumplimientos, por un lado, la ausencia de implantado de un registro horario, y por otro, los incumplimientos de los límites máximos de la jornada laboral.

Atendiendo al «Criterio Técnico 101/2019 sobre actuación de la Inspección de Trabajo y Seguridad Social», podemos tratar otros aspectos controvertidos relacionados con el registro horario:

Compensación por horas extraordinarias

El art. 35.2 del ET dispone que no se computarán las horas extraordinarias que hayan sido compensadas mediante descanso dentro de los cuatro meses siguientes a su realización. Según la reciente SAN n.° 3/2018, de 10 de enero de 2018, ECLI:ES:AN:2018:18, **la empresa no está obligada al registro diario de las compensaciones por horas extraordinarias**. (Pretendiéndose «que la empresa entregue a los representantes de los trabajadores las hojas de registro de compensación de las prolongaciones de jornada, firmados por cada trabajador, así como su correlativa prolongación de jornada, todo ello a los efectos de facilitar a la RLT una información adecuada para poder ejercer sus funciones de control de realización de horas extraordinarias que legalmente tiene reconocido», se desestima la excepción de cosa juzgada con la conciliación previa, alcanzada ante la Sala, por cuanto no se trata de las mismas pretensiones, ni tampoco de las mismas causas de pedir. Se desestima, sin embargo, la demanda, por cuanto no existe norma legal, ni convencional, que obligue a la empresa a llevar dicho registro de compensación de las prolongaciones de jornada).

De esta forma, para determinar el posible incumplimiento de los límites de la jornada «deberá hacerse de forma integral considerando todas las posibilidades que permite el ordenamiento laboral». Es decir, que no podrá determinarse hasta el final del ejercicio si los excesos de jornada van a ser compensados con la realización de menos horas, como prevé la ley.

Sanciones por ausencia o incorrecta implementación del registro

Si la empresa no lleva el registro, pero el inspector tiene la certeza de que se cumple la normativa y no se realizan horas extraordinarias, se podría sustituir el inicio del proceso sancionador por un requerimiento para que se cumpla con la obligación de tener registrada la jornada de trabajo diaria.

No obstante, en caso de inexistencia del registro horario, las reglas de distribución de la carga de la prueba determinan que es la empresa a quien corresponde acreditar una jornada a tiempo parcial y no a la persona trabajadora demostrar que su jornada es a tiempo completo.

En la **STSJ Castilla y León, rec. 272/2019, de 24 de mayo, ECLI:ES:TSJ-CL:2019:2243**, seguida de muchas otras «en igual sentido al expuesto se pronuncian, entre otras, sentencias del TSJ de Andalucía, rec. 1893/2017, de 22 de febrero de 2018, Madrid, rec. 1464/2017, de 14 de mayo de 2018 y País Vasco, rec. 2203/2018 de 18 de diciembre de 2018», **la Sala de lo Social entiende una injustificada falta de aportación del registro de jornada, o lo que es lo mismo «la ausencia de acreditación de su existencia», como un claro indicio de incumplimiento de las obligaciones que en esta materia corresponde a la empresa, por lo que no puede hacerse recaer sobre la trabajadora la carga de acreditar la realización de una jornada a tiempo completo.**

La omisión de registro general la presunción de existencia de jornada a tiempo completo, es decir, siguiendo las reglas de distribución de la carga de la prueba, será la empresa a la que corresponde acreditar una jornada a tiempo parcial y no a la persona trabajadora demostrar que su jornada es a tiempo completo. Lo contrario, asevera la Sentencia, «iría en contra de la vinculación que la norma transcrita establece [artículo 12.4.c) del ET] y del efecto presuntivo contemplado en el artículo 385.1 de la LECiv, según el cual "las presunciones que la ley establece dispensan de la prueba del hecho presunto a la parte a la que este hecho favorezca". Supondría, además, desconocer los efectos propios del criterio de disponibilidad y facilidad probatoria contemplado en el artículo 217.7 de la LECiv, conforme al cual corresponde a la empresa la llevanza de los registros de jornada acreditativos de la realizada y quien puede y debe aportarlos, de serle requeridos, como así ocurrió en este caso».

La posibilidad de prueba en contrario que el artículo 12.4.c) del ET dispone se admite en el número 2 del precitado artículo 385 en una doble dirección, tanto para probar la inexistencia del hecho presunto como para demostrar que no existe, y, «ninguna actividad ha desplegado la empresa, que es a quien corresponde ahora la carga probatoria, en orden a acreditar una jornada a tiempo parcial».

El fallo condena a la empresa demandada a que abone a la trabajadora la suma de 6.597,18 euros, más un 10 % anual en concepto de intereses de demora.

Contabilización de pausas

El registro de jornada podrá descontar las interrupciones o pausas que realicen los trabajadores entre el inicio y finalización de la jornada diaria para determinar el tiempo de trabajo efectivo.

El criterio técnico señala que «Sería conveniente que el registro utilizado en la empresa ofrezca una visión adecuada y completa del tiempo de trabajo efectivo», de esta manera, la negociación colectiva o los acuerdos de empresa podrán precisar cómo se consideran todos los aspectos relacionados con el registro de las interrupciones, pausas o flexibilidad de tiempo de trabajo.

La **STS n.º 582/2021, de 27 de mayo de 2021, ECLI:ES:TS:2021:2264**, desestima la demanda sindical, contra una empresa del sector del Contac Center, por la que se solicitaba la declaración como contraria a derecho de la práctica empresarial consistente en descontar directamente de las nóminas mensuales de los trabajadores los retrasos en el fichaje de entrada. Para la Sala, esta práctica no constituye una multa de haber, ya que de las obligaciones recíprocas para ambas partes derivadas del contrato de trabajo ha de entenderse que el derecho al percibo del salario se genera por la efectiva prestación de servicios.

RESOLUCIONES RELEVANTES

SAN n.º 115/2019, de 20 de junio de 2019, ECLI: ES:AN:2019:2570

Con arreglo al art. 1.124 del Código Civil el trabajador no puede reclamar salario alguno por periodos de tiempo por ínfimos que estos sean en los que no exista efectiva prestación de servicios. Es decir, «no existe un derecho del trabajador a que su jornada individual sea redistribuida una vez fijada por causa de retrasos injustificados como se pretende por la asociación sindical demandante, pues tal distribución irregular de la jornada es una facultad empresarial, y por otro lado, implicaría hacer de peor condición al trabajador que previo aviso se ausenta unas horas del trabajo con arreglo al art. 29 del Convenio, que pierde su derecho a la retribución con relación a aquel que sin causa justificativa alguna simplemente llega tarde al su puesto de trabajo».

La AN señala que «**el hecho de que la empresa sancione bien con amonestaciones, bien son suspensiones de empleo y sueldo, bien con despidos, las ausencias y retrasos de los trabajadores, a la vez que detrae de sus salarios la parte proporcional de ausencias injustificadas detectadas, no supone una doble sanción**, por cuanto que la detracción de salarios obedece al lógico desarrollo de las obligaciones de nacidas al amparo del contrato laboral sin que implique el ejercicio de potestad disciplinaria alguna, mientras que las sanciones obedecen al legítimo ejercicio de la potestad disciplinaria previsto legal y convencionalmente».

SAN n.º 144/2019, de 10 de diciembre de 2019, ECLI:ES:AN:2019:4555

Ha avalado el cambio de criterio empresarial dentro de la implantación del registro horario obligatorio por el que, en contra de lo aplicable hasta el momento, pasa a hacerse fichar a sus trabajadores cuando realizan una pausa para fumar, tomar café o desayunar, con el objetivo de descontar ese tiempo de las horas efectivamente trabajadas.

Conservación del registro

Los registros deberán permanecer físicamente en cada centro de trabajo o ser accesibles desde el mismo de manera inmediata para los trabajadores, sus representantes legales y la Inspección. El empresario deberá conservar los resúmenes mensuales del registro durante un **periodo mínimo de cuatro años**.

Forma y accesibilidad del registro

La forma de organización y documentación se determinará mediante negociación colectiva, acuerdo, o decisión del empresario previa consulta con los representantes de los trabajadores. Los registros podrán ser consultados por las personas trabajadoras, sus representantes o la Inspección en cualquier momento cuando lo soliciten. Deben estar y permanecer físicamente en cada centro de trabajo o ser accesibles desde el centro de manera inmediata. (En caso de que se hayan registrado originalmente en papel, para su conservación podrán archivarse en soporte informático mediante el escaneo de los documentos originales, que serán guardados telemáticamente).

El **Criterio técnico 101/2019** subraya que este acceso inmediato «evita la posibilidad de la creación posterior, manipulación o alteración de los registros». La permanente disposición no obliga a la empresa a la entrega de copias «por seguridad jurídica», salvo que así lo disponga el convenio colectivo o exista pacto en contrario.

Reconocimiento de la jornada parcial como completa ante la ausencia de registro horario

La STSJ de Galicia n.º 651/2023, de 6 de febrero de 2023, ECLI:ES:TSJGAL:2023:713, establece que, en ausencia de registro de jornada, se presume acreditada la jornada completa y no parcial.

> «Pues bien, el juzgador de instancia, en una sentencia motivada y razonable (en los términos exigidos en los artículos 24 y 120.3 de la Constitución Española, el artículo 218 de la Ley de Enjuiciamiento Civil y el artículo 97.2 de la Ley reguladora de la Jurisdicción Social), ha aplicado esa presunción de completud, y si bien la empresa puede acreditar la jornada parcial, ello no se deriva (como se pretende) de la circunstancia de que la trabajadora realizase trabajo a tiempo parcial, de la circunstancia de que lo realizase en teletrabajo o de la circunstancia de que su horario de trabajo fuera flexible. Ninguna de estas circunstancias demuestra que la trabajadora realizaba una jornada inferior a la completa que, ante la ausencia de registros horarios, se presume realizada. Entenderlo de otra manera sería tanto como considerar que quien trabaja a tiempo parcial debe probar la completud de la jornada ante el incumplimiento empresarial de la obligación de registro, cuando es que la norma está diciendo lo contrario. Y algo semejante se podría decir en relación con quienes teletrabajan o lo hacen en horario flexible. Lo pretendido por la empresa supondría excluir de la aplicación de la presunción legal a una categoría general de trabajadores, olvidando que la norma no excluye de la aplicación de la presunción de completud a ninguna categoría general de trabajadores, con lo cual la prueba en contrario debe ser individualizada para cada caso concreto».

3.4. Protocolos empresariales asociados a la desconexión digital

El protocolo de desconexión digital será objeto de análisis pormenorizado más adelante, no obstante, junto a él encontramos otros protocolos de interés para garantizar el cumplimiento de la desconexión digital y que actualmente están proliferando en las organizaciones:

Protocolo de uso de los dispositivos digitales puestos a disposición de las personas trabajadoras por la empresa

Para garantizar la protección de la intimidad de los trabajadores en el uso de los dispositivos digitales puestos a disposición por el empleador, el art. 87 de la LOPDGDD, establece que «los empleadores deberán establecer criterios de utilización de los dispositivos digitales respetando en todo caso los estándares mínimos de protección de su intimidad de acuerdo con los usos sociales y los derechos reconocidos constitucional y legalmente».

Los sistemas informáticos son un instrumento de trabajo sujeto al control del empresario, pero debe existir una política interna que regule el uso de equipos informáticos. Como es lógico, la política interna que se profese no podrá ser contraria a lo estipulado en la negociación colectiva, ni con los principios de la LOPDGDD.

No debemos olvidar que «El acceso por el empleador al contenido de dispositivos digitales respecto de los que haya admitido su uso con fines privados requerirá que se especifiquen de modo preciso los usos autorizados y se establezcan garantías para preservar la intimidad de los trabajadores, tales como, en su caso, la determinación de los períodos en que los dispositivos podrán utilizarse para fines privados». En este procedimiento han de establecerse claramente los criterios de utilización de los dispositivos prohibiendo el uso personal, pero con garantía del derecho a la intimidad y a los demás derechos fundamentales de acuerdo con los estándares y los usos sociales.

Este procedimiento debe estar compuesto (tanto para trabajadores presenciales como a distancia) por:

- El alcance y la definición: concreción de lo que son los medios informáticos.

- Las reglas de uso: permisividad para uso personal o prohibición total/parcial y breve explicación.

- La existencia de control por parte de la empresa y medios empleados a tal fin.

- El procedimiento de acceso y medida de control de los contenidos digitales.

- Las medidas a adoptar para garantizar un uso correcto de los medios informáticos y medidas preventivas.

- Las consecuencias del incumplimiento de este protocolo (régimen disciplinario).

- La posibilidad de que la empresa haga uso de los contenidos obtenidos en el control de los medios electrónicos para fines disciplinarios en caso de incumplimiento laboral por parte de la persona trabajadora.

- La regulación de otros aspectos como, acceso a servidores, tratamiento de protección de datos, etc.

En la elaboración de este protocolo deben participar los representantes de las personas trabajadoras a los que ha de requerirse la elaboración de un informe en el plazo de 15 días conforme dispone el art. 64.5.f) del ET, y por supuesto, es necesario informar a los trabajadores sobre las medidas de control. No basta con una mera información inicial. Es necesario la comunicación continua de la existencia y contenido de este protocolo puesto que como refiere la LOPDGDD «Los trabajadores deberán ser informados de los criterios de utilización a los que se refiere este apartado». (STS n.º 723/2016, de 13 de septiembre de 2016, ECLI:ES:TS:2016:4198).

CUESTIÓN

¿Qué puede ocurrir si no contamos con un protocolo de uso de los dispositivos digitales puestos a disposición de las personas trabajadoras por la empresa?

Que la intromisión de la empresa en los equipos informáticos empleados por los trabajadores podría considerarse ilegítima y la prueba obtenida podría ser declarada nula porque se ha vulnerado el derecho a la intimidad del trabajador (art. 18 de la CE), siendo una infracción muy grave (art. 8.11 de la LISOS) por lo que la empresa podría también ser sancionada por la Inspección de Trabajo.

JURISPRUDENCIA

STS n.º 225/2024, de 6 de febrero del 2024, ECLI:ES:TS:2024:566

Las modificaciones, especificaciones, ampliaciones o restricciones de las normas y criterios de utilización de dispositivos digitales puestos a disposición de los trabajadores para la realización del trabajo debe realizarse con la participación de la RLT.

Protocolo de uso de dispositivos de videovigilancia y de grabación de sonidos en el lugar de trabajo

El art. 89 de la LOPDGDD establece que «los empleadores podrán tratar las imágenes obtenidas a través de sistemas de cámaras o videocámaras para el ejercicio de las funciones de control de los trabajadores o los empleados públicos previstas, respectivamente, en el artículo 20.3 del Estatuto de los Trabajadores y en la legislación de función pública, siempre que estas funciones se ejerzan dentro de su marco legal y con los límites inherentes al mismo. Los empleadores habrán de informar con carácter previo, y de forma expresa, clara y concisa, a los trabajadores o los empleados públicos y, en su caso, a sus representantes, acerca de esta medida». Es por tanto un protocolo que tiene el carácter de obligatorio, obligación impuesta por la LOPDGDD y requiere únicamente informar a los trabajadores y a sus representantes.

Como es lógico, la política interna que se profese no podrá ser contraria a lo estipulado en la negociación colectiva, ni con los principios de la LOPDGDD.

En este caso el protocolo puede consistir en un documento muy sencillo de comunicación a la persona trabajadora y a la RLT de la existencia de sistemas de videovigilancia y de grabación de sonidos y la finalidad de uso de las mismas, haciendo constar de forma expresa que los datos o imágenes obtenidos pueden utilizarse para fines disciplinarios.

Protocolo de la utilización de sistemas de geolocalización en el ámbito laboral por el empleador

El art. 90 de la LOPDGDD establece «con carácter previo, los empleadores habrán de informar de forma expresa, clara e inequívoca a los trabajadores o los empleados públicos y, en su caso, a sus representantes, acerca de la existencia y características de estos dispositivos. Igualmente deberán informarles acerca del posible ejercicio de los derechos de acceso, rectificación, limitación del tratamiento y supresión». Es por tanto un protocolo que tiene el carácter de obligatorio, obligación impuesta por la LOPDGDD y requiere únicamente informar a los trabajadores y a sus representantes.

Como en el caso anterior, la política interna que se profese no podrá ser contraria a lo estipulado en la negociación colectiva, ni con los principios de la LOPDGDD.

En este caso el protocolo puede consistir en un documento muy sencillo de comunicación a la persona trabajadora y a la RLT de la existencia de sistemas de geolocalización y la finalidad de uso de las mismas, haciendo constar de forma expresa que los datos obtenidos pueden ser utilizados para fines disciplinarios.

Protocolo sobre el registro de la jornada y control horario

En el art. 34.9 del ET se establece que «Mediante negociación colectiva o acuerdo de empresa o, en su defecto, decisión del empresario previa consulta con los representantes legales de los trabajadores en la empresa, se organizará y documentará este registro de jornada». Es por tanto un protocolo que tiene el carácter de obligatorio, obligación impuesta por la LOPDGDD y requiere previa consulta con la RLT.

En el caso concreto de los trabajadores a distancia, según el ya tratado art. 14 de la LTD, el sistema de registro horario «deberá reflejar fielmente el tiempo que la persona trabajadora que realiza trabajo a distancia dedica a la actividad laboral, sin perjuicio de la flexibilidad horaria, y deberá incluir, entre otros, el momento de inicio y finalización de la jornada».

Como venimos recalcando, la política interna que se profese no podrá ser contraria a lo estipulado en la negociación colectiva, ni con los principios de la LOPDGDD.

El protocolo de registro de jornada deberá organizar:

- Sistema de control.
- Normas para una correcta cumplimentación por parte de la persona trabajadora.
- Normas sobre la distribución irregular de la jornada.
- Consecuencias que pueden conllevar la no cumplimentación o la consignación de datos incorrectos.
- Cómputo de la jornada, de manera que incluya las interrupciones o pausas que se consideren

– Forma de acceso de los trabajadores o la RLT al registro horario.

– La posibilidad de que la empresa haga uso del registro horario con fines disciplinarios.

– Respeto a la protección de datos personales y derecho a la intimidad de la persona trabajadora.

Es conveniente por tanto establecer un procedimiento interno sobre el sistema de control horario a utilizar, que se considera o no jornada de trabajo y que interrupciones hay que indicar.

CUESTIÓN

¿Qué puede ocurrir si no contamos con un protocolo registro de la jornada y control horario?

En caso de trabajadores a tiempo parcial puede conllevar la declaración del trabajador a tiempo completo; en el caso de la persona trabajadora que no cumplimenta el registro horario la empresa no puede adoptar medidas disciplinarias, tampoco podrá hacer uso del registro horario para adoptar medidas disciplinarias frente a la persona trabajadora. La no elaboración del registro también puede ser considerada una infracción de la LISOS por lo que la empresa podría también ser sancionada por ello por la Inspección de Trabajo.

Protocolo de canal de denuncias interno *(Whisteblowing)*

A fin de permitir una comunicación efectiva con el personal responsable de tratar denuncias, no solo será necesario que la empresa establezca y utilice canales de fácil acceso, seguros y confidenciales, sino también que permitan el almacenamiento duradero de información para que puedan realizarse nuevas investigaciones. Esto hace recomendable la existencia de canales diferentes a los utilizados para la comunicación interna o con terceros en el curso ordinario de la actividad empresarial. Al mismo tiempo, el denunciante debe poder elegir el canal de denuncia más adecuado en función de las circunstancias particulares del caso.

Desde el 01/12/2023, **el establecimiento de canales de denuncia interna es obligatorio** para todas las entidades, públicas y privadas, que cuenten con más de 50 personas trabajadoras en plantilla (Ley 2/2023, de 20 de febrero y Directiva (UE) 2019/1937 de 23 de octubre de 2019)

Siempre que se garantice la confidencialidad de la identidad del denunciante, corresponde a cada entidad jurídica individual del sector privado y público definir el tipo de canales de denuncia que se hayan de establecer, pudiendo incluso externalizar el canal ético. Conforme al art. 24 de la LOPDG-DD, «deberán adoptarse las medidas necesarias para preservar la identidad y garantizar la confidencialidad de los datos correspondientes a las personas afectadas por la información suministrada, especialmente la de la persona que hubiera puesto los hechos en conocimiento de la entidad, en caso de que se hubiera identificado. 4. Los datos de quien formule la comunicación y de los empleados y terceros deberán conservarse en el sistema de denuncias únicamente durante el tiempo imprescindible para decidir sobre la procedencia de iniciar una investigación sobre los hechos denunciados».

Este protocolo ha de tener en cuenta las **necesidades específicas de determinados colectivos** como los trabajadores a distancia.

En cualquier caso, los procedimientos de denuncia interna incluirán los requisitos de la Directiva (UE) 2019/1937, la LOPDGDD y la Ley 2/2023, de 20 de febrero:

– Canales para recibir denuncias que estén diseñados, establecidos y gestionados de una forma segura que garantice que la confidencialidad de la identidad del denunciante y de cualquier tercero mencionado en la denuncia esté protegida, e impida el acceso a ella al personal no autorizado.

– Un acuse de recibo de la denuncia al denunciante en un plazo de siete días a partir de la recepción.

– La designación de una persona o departamento imparcial que sea competente para seguir las denuncias, que podrá ser la misma persona o departamento que recibe las denuncias y que mantendrá la comunicación con el denunciante y, en caso necesario, solicitará a este información adicional y le dará respuesta.

– El seguimiento diligente por la persona o el departamento designado.

– El seguimiento diligente cuando así lo establezca el Derecho nacional en lo que respecta a las denuncias anónimas.

– Un plazo razonable para dar respuesta, que no será superior a tres meses a partir del acuse de recibo o, si no se remitió un acuse de recibo al denunciante, a tres meses a partir del vencimiento del plazo de siete días después de hacerse la denuncia.

– Información clara y fácilmente accesible, sobre el uso de todo canal interno de información que hayan implantado, así como sobre los principios esenciales del procedimiento de gestión. En caso de contar con una página web, dicha información deberá constar en la página de inicio, en una sección separada y fácilmente identificable (art. 10 de la Directiva (UE) 2019/1937 y art. 25 de la Ley 2/2023, de 20 de febrero).

CUESTIÓN

¿Qué puede ocurrir si no contamos con un protocolo de canal de denuncias interno?

Desde el 1 de diciembre de 2023, fecha en la que entró en vigor la Ley 2/2023, de 20 de febrero, se exige a todas las empresas con más de 50 empleados contar con un canal de denuncias. El incumplimiento de la obligación de implantar un canal de denuncia, o sobre la vulneración de las garantías de confidencialidad pueden conllevar sanciones (arts. 60 y ss. de la Ley 2/2023, de 20 de febrero).

La norma regula con carácter general aspectos relacionados con el procedimiento de gestión de las denuncias (plazos para la admisión a trámite o resolución de las denuncias, confidencialidad, etc.), lo recomendable sería que todo ello estuviese recogido en un protocolo interno regulando, como mínimo, el funcionamiento del canal, la adopción de las decisiones y el tratamiento de los datos personales.

La gestión de datos personales relacionados con los canales de denuncias internas o *whistleblowing* son temas sensibles y que en la práctica habitual generan mayor problemática. En caso de una denuncia interna si no manejamos los datos de forma correcta podríamos estar vulnerando la LOPDGDD y por tanto el derecho a la intimidad de la persona denunciante o de la persona denunciada.

4.
POLÍTICA INTERNA DEL DERECHO A LA DESCONEXIÓN DIGITAL Y PROTOCOLO DE DESCONEXIÓN DIGITAL

El derecho a la desconexión digital fuera del horario de trabajo se conceptúa como la limitación al uso de las tecnologías de la comunicación para garantizar fuera del tiempo de trabajo legal o convencionalmente establecido, el respeto de su tiempo de descanso, permisos y vacaciones de los trabajadores, así como de su intimidad personal y familiar («Protocolo de derecho a la desconexión digital del Grupo Repsol»). **Se requiere, por tanto, que el empleador elabore una política interna dirigida a trabajadores, incluidos los que ocupen puestos directivos, bajo los parámetros fijados por el art. 88 de la LOPDGDD.**

4.1. Política interna reguladora del derecho a la desconexión digital

La política empresarial que se debe implementar parece simple: **una vez finalizada la jornada laboral la empresa, los mandos directos, o los compañeros no deben contactar al personal salvo ciertos supuestos establecidos.** No obstante, garantizar el derecho laboral de los empleados/as a desconectar cualquier dispositivo digital profesional o software de la empresa —computadoras, teléfonos móviles corporativos, etc.— durante sus períodos de descanso y vacaciones y a no atender llamadas, mensajes de *WhatsApp*, correos electrónicos, videollamadas, o cualquier otro tipo de comunicación digital una vez finalizada la jornada laboral, en ocasiones resulta complejo y **requiere especificaciones concretas que todos deban cumplir, y que, de no hacerse, recuerde el derecho (que no la obligación) del receptor a no contestar sin ningún tipo de represalia.**

La regulación normativa contiene la obligación de establecer una política interna dirigida a las personas trabajadoras, sin exclusión del personal directivo y prevé que se preserve el derecho a la desconexión digital en los supuestos de realización total o parcial del trabajo a distancia, así como en el domicilio de la persona trabajadora vinculado al uso con fines laborales de herramientas tecnológicas. Por lo tanto, como es lógico, la política interna que se profese no podrá ser contraria a lo estipulado en la negociación colectiva, ni con los principios de la LOPDGDD, encontrando en este último texto legal referencias, como ya hemos reiterado a lo largo de la obra, de obligado cumplimiento a la hora de redactar nuestro protocolo (arts. 87.1 y 87.3 de la LOPDGDD).

Dentro de esta política interna se englobarán medidas de desconexión digital como acciones formativas y campañas de sensibilización sobre la utilización de las herramientas tecnológicas con el objetivo de evitar la fatiga informática.

Como cualquier documento de este tipo, la política interna de desconexión digital deberá ser revisada de forma periódica y a fin de incluir en ella cuantas modificaciones y actualizaciones se considere necesarias para su buen funcionamiento y deberá estará disponible y ser conocida por toda la plantilla.

CUESTIÓN

¿La desconexión digital es un derecho o una obligación?

La desconexión digital se reconoce como un derecho, aunque no como una obligación, aplicable a todas las personas trabajadoras salvo que así se especifique para la empresa en concreto. Esto implica expresamente que, aquellas personas trabajadoras que realicen comunicaciones fuera del horario laboral establecido podrían, en principio, hacerlo con total libertad; sin embargo, deben asumir que no tendrán respuesta alguna hasta el día hábil posterior.

Las únicas excepciones serían las reconocidas para casos de emergencia o similares dentro del protocolo existente. Es más, las horas usadas por el empleado para atender llamadas telefónicas o correos electrónicos fuera de su jornada laboral deben tratarse como una prolongación de esta y computarse, cotizarse y abonarse como horas de trabajo extraordinarias.

4.2. Protocolo de desconexión digital

Para dar respuesta a la necesidad de establecer una clara delimitación entre el tiempo de trabajo y el tiempo de descanso del personal la política interna se reflejará en un protocolo de desconexión digital.

Con relación a los protocolos internos y desconexión digital pueden estandarizarse una serie de externos siempre teniendo presente la **necesidad de adaptación a cada organización**:

- El protocolo incluirá en su ámbito funcional a todas las personas trabajadoras, incluidas las que ocupen puestos directivos.

- La prohibición de conexión mediante medios digitales empresa-trabajador, como regla general, fuera de horario laboral supone un respeto absoluto al tiempo de descanso, permisos, vacaciones de la persona trabajadora, así como de su intimidad personal y familiar.

- Las modalidades de ejercicio de este derecho de desconexión digital siempre atendiendo a la naturaleza y objeto de la relación laboral (es necesario tener en cuenta el sector y la actividad a desarrollar) y potenciación del derecho a la conciliación de la actividad laboral y la vida personal y familiar.

- Será necesario formular en paralelo una serie de acciones de formación y sensibilización del personal sobre el uso de los medios tecnológicos y la necesidad de ejercer este derecho a la desconexión digital, incluyendo esto en las políticas de prevención de riesgos laborales.

- Delimitación taxativa de las causas que justifican la interrupción de ese descanso. La tendencia actual en la negociación colectiva es la de impulsar el derecho a la desconexión digital una vez finalizada la jornada laboral, fijándose excepciones como «fuerza mayor», o dependiendo del nivel de responsabilidad o funciones de cada trabajador en la empresa, por lo que se hace necesario delimitar las excepciones.

- Se podrían añadir protocolos concretos sobre contraseñas, seguridad de la información, logueo y deslogueo, mensajes de respuesta, o retraso en la entrega de correos electrónicos, para controlar el cumplimiento de este derecho.

Es un protocolo que tiene el carácter de obligatorio, y requiere la audiencia de la RLT.

CUESTIÓN

¿Qué puede ocurrir si no contamos con un protocolo de derecho a la desconexión digital?

Si consideramos que el derecho a la desconexión digital es un derecho fundamental incardinado en el derecho a la salud en caso de incumplimiento del derecho la persona trabajadora podría recabar su tutela judicial en cualquier momento, además de suponer un incumplimiento de la LPRL, y podría ser considerada una infracción muy grave de la LISOS por lo que la empresa podría también ser sancionada por la Inspección de Trabajo.

El artículo 16.2 de la LPRL es terminante al establecer que «La prevención de riesgos laborales deberá integrase en el sistema general de gestión de la empresa, tanto en el conjunto de sus actividades como en todos los niveles jerárquicos de ésta, a través de la implantación y aplicación de un plan de prevención de riesgos laborales (que) deberá incluir la estructura organizativa, las responsabilidades, las funciones, las prácticas, los procedimientos, los procesos y los recursos necesarios para realizar la acción de prevención de riesgos en la empresa», obligación de gestionar todos los riesgos que incluye los psicosociales evaluando los riesgos que no se puedan evitar [arts. 16.2 y 15.1.b) de la LPRL] y definiendo las modalidades preventivas, aplicándolas o planificando su ejecución. (STSJ de las Is. Canarias n.º 1219/2020, de 30 de octubre de 2020, ECLI:ES:TSJICAN:2020:2120). Del mismo modo, según el art. 8.11 LISOS, se califica como infracción muy grave en materia de relaciones laborales individuales y colectivas «los actos del empresario que fueren contrarios al respeto de la intimidad y consideración debida a la dignidad de los trabajadores».

4.2.1. ¿Qué analizar antes de confeccionar un protocolo de desconexión digital?

En un primer momento, con el fin de **concretar medidas específicas de desconexión de forma específica y medible** hemos de analizar:

a) **Calendario laboral de empresa**: de forma anual las empresas, previo informe de los representantes de los trabajadores y consulta con los mismos, elaborarán un calendario laboral que comprenderá: a) horario de trabajo; b) distribución anual de los días de trabajo; c) festivos; d) descansos semanales o entre jornadas; e) otros días inhábiles. Ha de tenerse siempre en cuenta la jornada máxima legal o, en su caso, la pactada.

Siempre respetando lo dispuesto en los convenios colectivos o contratos de trabajo, la elaboración del calendario corresponde a la empresa. No obstante, esta facultad empresarial no es absoluta, ya que deberá respetar tanto las normas de carácter necesario –fiestas nacionales y locales, así como las pactadas en convenio– y el conjunto de condiciones que vengan rigiendo la jornada como resultado de acuerdos entre las partes o de una voluntad unilateral de la empresa cuando, en este último caso, se haya incorporado al acervo contractual de los trabajadores. (**STS, rec. 118/2004, de 16 de junio de 2005, ECLI:ES:TS:2005:3941 y STSJ Cataluña n.º 7/2013, de 5 de febrero de 2013, ECLI:ES:TSJCAT:2013:1701**).

b) **Regulación de las festividades laborales**: los trabajadores tendrán derecho a un descanso mínimo semanal, pero al margen de este se establecerán las denominadas fiestas laborales (con carácter retribuido y no recuperable). No podrán exceder de 14 al año, de las que dos serán locales. (**STS, rec. 171/2003, de 13 de octubre de 2004, ECLI:ES:TS:2004:6437 y STSJ Madrid, rec. 3272/1999, de 25 de enero de 2000, ECLI:ES:TSJM:2000:733**).

c) **Duración y límites de la jornada laboral**: la duración y los límites de la jornada laboral vienen establecidos por el art. 34 del ET y el convenio colectivo de aplicación.

d) **Registro de jornada**: la norma estatutaria establece el registro obligatorio de las horas extraordinarias (art. 35.5 del ET) y de los trabajadores a tiempo parcial [art. 12 4 c) del ET]. El tipo de sistema de registro responderá a la libre elección de la empresa, siempre que garantice la fiabilidad e invariabilidad de los datos y refleje, como mínimo, cada día de prestación de servicios, la hora de inicio y la hora de finalización de la jornada.

e) **Permisos laborales retribuidos**: todas las personas trabajadoras tienen derecho a permisos retribuidos para ausentarse de su puesto de trabajo, previo aviso y justificación, por alguno de los motivos regulados en el art. 37.3 del ET, no obstante, mediante negociación colectiva podrán mejorarse y ampliarse dichos permisos.

> **A TENER EN CUENTA.** El Real Decreto-ley 5/2023, de 28 de junio, modificó (con efectos desde el 30/06/2023) el ET creando nuevos permisos para cuidar a hijos, familiares enfermos y para conciliar. Estas medidas incluyen el nuevo permiso parental de hasta 8 semanas para el cuidado de niños mayores de un año, ampliación del derecho a la adaptación de la jornada de quienes cuiden a familiares dependientes, permiso para ausentarse del puesto de trabajo con derecho a retribución, ampliación del derecho a la reducción de jornada para el cuidado de hijo o menor con discapacidad y ampliación del permiso por matrimonio a las parejas de hecho.

f) **Derecho a vacaciones retribuidas**: las personas trabajadoras tienen reconocido constitucionalmente, el **derecho a vacaciones periódicas retribuidas** con cargo al empresario en el art. **38 Estatuto de los Trabajadores**, que **no puede ser inferior, en ningún caso, a 30 días naturales**. El **periodo de disfrute** será el pactado individual o colectivamente entre empresa y trabajadores. El derecho **caduca de forma genérica el 31 de diciembre de cada año**. No obstante, en el supuesto de que el **período de vacaciones coincida con una incapacidad temporal que imposibilite al trabajador disfrutarlas**, total o parcialmente, durante el año natural a que corresponden, el trabajador podrá hacerlo una vez finalice su incapacidad y siempre que no hayan transcurrido más de 18 meses a partir del final del año en que se hayan originado.

g) **Excedencias y reducción de jornada por motivos de corresponsabilidad**: las excedencias son situaciones en las que se produce la suspensión del contrato de trabajo, a solicitud del trabajador, sin que éste tenga derecho a recibir remuneración alguna. El art. 46 del **Estatuto de los Trabajadores**, establece varios tipos distintos de excedencias: las **voluntarias**, las **forzosas** y las solicitadas por **cuidado de hijos o familiares**.

La reducción de jornada por motivos familiares consiste en reducir la jornada ordinaria del trabajador que tenga que hacerse cargo del cuidado de menores, personas discapacitadas o familiares hasta 2.º grado de consanguinidad o afinidad.

h) **Disponibilidad horaria del trabajador fuera de la jornada de trabajo**: en caso de existir este tipo de supuestos se excluirían del derecho a desconexión digital durante el tiempo de disponibilidad en régimen de localización. En estos casos existirá obligación de atender las comunicaciones de la empresa, de conformidad a las normas que regulen el correspondiente régimen de disponibilidad.

i) **Implantación del teletrabajo en la empresa**: a pesar de que las condiciones concretas de cada trabajador se fijarán en un **acuerdo de trabajo a distancia o teletrabajo** (según Ley 10/2021, de 9 de julio, de trabajo a distancia) de registro obligatorio ante el SPEE, el protocolo ha de definir aspectos específicos de desconexión para este tipo de prestación de servicios.

j) **Aspectos relacionados con la Prevención de Riesgos Laborales y el tratamiento en la empresa de los riesgos psicosociales**: es recomendable consultar con los servicios de prevención propios o ajenos de forma previa a la elaboración del protocolo en base al deber de prevención de todo empresario.

k) **La existencia de canales éticos o su configuración** como medida para detectar incumplimientos.

l) **La configuración de la desconexión digital en el convenio colectivo aplicable, normas de empresa y acuerdos individuales**: donde encontraremos referencias de obligado cumplimiento o bases para su mejora.

m) **Recopilación de información para conocer la situación actual con fiabilidad**: encuestas entre distintas categorías de empleados y departamentos sobre los usos de las TIC permitirán desarrollar las futuras medidas de desconexión necesarias o, en caso de detectar un desconocimiento de las medidas existentes, crear acciones de formación concretas. Como ejemplo:

- ¿Ha recibido llamadas de superiores fuera de horario laboral?
- ¿Durante su periodo vacacional ha recibo e-mail, llamadas o similar por parte de compañeros?
- ¿Durante su periodo vacacional ha recibido algún e-mail, llamadas o similar por parte de superiores?
- ¿Se respetan por parte de la empresa los horarios fijados?
- ¿Conoce las políticas de desconexión de la empresa?
- ¿Cómo actuaría en caso de recibir un e-mail fuera de horario laboral?
- ¿Durante los tiempos de descanso diario, semanal, permisos o vacacional se designa a una persona para solventar posibles incidencias?
- ¿Cuál es su percepción sobre las medidas puestas en práctica en materia de desconexión digital?
- Etc.

4.2.2. Claves para la elaboración de un protocolo para la desconexión digital

Con el fin de que nuestro protocolo suponga una herramienta eficaz para definir la política interna empresarial y una cultura de la organización adaptada a la realidad empresarial y las situaciones específicas de la plantilla podemos estandarizar la siguiente estructura:

Ámbito de aplicación

El protocolo se aplicará a todas las personas que trabajan en la compañía, debiendo matizar su obligatoriedad con independencia del ámbito de aplicación del convenio colectivo aplicable (puede integrar al personal de alta dirección excluido de este) y del tipo de prestación de servicios presencial o teletrabajo.

A los efectos de la regulación de este derecho, se tendrán en cuenta todos los dispositivos y herramientas cuyo uso podría suponer realizar una actividad laboral más allá de los límites de la jornada u horarios legales o establecidos en convenio.

> **A TENER EN CUENTA.** El art. 88.3 de la LOPDGDD se refiere de forma expresa a dos colectivos: directivos y teletrabajadores.

Ejemplos:

> «TIS garantizará el derecho a la desconexión digital tanto a las personas trabajadoras que realicen su jornada de forma presencial como a los supuestos de realización total o parcial del trabajo a distancia, así como en el domicilio de la persona trabajadora vinculado al uso con fines laborales de herramientas tecnológicas». (**Acuerdo de medidas para la desconexión digital: Telefónica Ingeniería de Seguridad, SAU. BOE: 07/01/2020)**).

Negociación (art. 88.3 de la LOPDGDD)

Los temas de jornada y horario constituyen condiciones de trabajo que afectan profundamente al régimen de vida de los trabajadores y por lo tanto constituyen una de las materias más sensibles sobre las que se impone la necesidad de la negociación, por lo que no es de extrañar que en nuestro país vía negociación colectiva se estuviese regulando la desconexión digital incluso con carácter previo a la entrada en vigor de la LOPDGDD. La actual regulación reconoce, de forma muy amplia y genérica, el derecho a la intimidad en el uso de los dispositivos digitales de las personas trabajadoras, el derecho a la desconexión digital y el derecho a la intimidad frente al uso de dispositivos de videovigilancia y geolocalización, dejando un amplio margen de libertad a las partes para proceder a su regulación (arts. 88.3 LOPDGDD; 20 bis del Estatuto de los Trabajadores).

> **A TENER EN CUENTA.** El art. 88 de la LOPDGDD promueve el derecho a la **desconexión digital** mediante negociación colectiva o, en su defecto, a través de un acuerdo entre la empresa y la representación legal de los trabajadores.

Ejemplos:

> «El personal laboral tiene derecho a la desconexión digital a fin de garantizar, fuera del tiempo de trabajo, el respeto de su tiempo de descanso, permisos y vacaciones o bajas por enfermedad, así como a su intimidad personal y familiar.
> Las empresas, previa audiencia a los representantes legales del personal de plantilla, elaborarán un protocolo, que podrá contemplar, entre otros aspectos, el derecho de desconexión digital, y especialmente tanto los su-

puestos de realización total o parcial del trabajo a distancia así como en el domicilio de las personas trabajadoras, como aquellos en los que, a título enunciativo, la prestación laboral exija disponibilidad o realización de guardias fuera del horario laboral, en la que se definirán las modalidades de ejercicio del derecho a la desconexión y las acciones de formación y sensibilización del personal sobre un uso razonable de las herramientas tecnológicas». [Art. 21 **Convenio colectivo del Grupo Cetelem. (BOE: 18/02/2021)].**

«Para favorecer la conciliación de la vida personal y profesional, y garantizar el descanso de los empleados, se reconoce el derecho a la desconexión digital una vez finalizada la jornada laboral del empleado. Facultad de desconexión de los dispositivos digitales, no responder emails, mensajes y llamadas profesionales fuera de su horario de trabajo, salvo causa de fuerza mayor». [**Convenio colectivo de Philips Ibérica**, SAU. (BOE 08/12/2018)].

CUESTIÓN

El establecimiento de normas o criterios de utilización de dispositivos digitales puesto a disposición de los trabajadores para la realización del trabajo, ¿necesita ser negociado con la RLT?

En caso de no existir negociación previa a la implantación de este tipo de medidas se incumpliría el art. 87.3 LOPD (STS, de 6 de febrero de 2024, n.º 225/2024, ECLI:ES:TS:2024:566). El artículo 87.3 de la LOPD se refiere, específicamente, a los criterios de utilización de los dispositivos digitales que el empresario pone a disposición de los empleados para la realización del trabajo y, al respecto, faculta al empresario para establecer normas y criterios para la utilización de los mismos, a la vez que establece limitaciones a ese poder de especificación empresarial vinculadas al derecho a la intimidad de los trabajadores. Sobre estas cuestiones específicas, la norma ordena que la elaboración de los criterios de utilización de dichos medios se realice con la participación de los representantes de los trabajadores. Desde esa perspectiva, el artículo 87.3 de la LOPD resulta una especificación, para un ámbito determinado, del genérico poder de dirección del artículo 20.3 ET, que legalmente se explica porque, en tal ámbito, la intimidad del trabajador resulta especialmente sensible. De ahí que el art. 20 bis ET disponga: «Los trabajadores tienen derecho a la intimidad en el uso de los dispositivos digitales puestos a su disposición por el empleador, a la desconexión digital y a la intimidad frente al uso de dispositivos de videovigilancia y geolocalización en los términos establecidos».

RESOLUCIONES RELEVANTES

SAN n.º 53/2024, de 6 de mayo del 2024, ECLI:ES:AN:2024:2119

En el caso analizado la empresa «ha elaborado de forma unilateral una política de desconexión digital, si bien, con carácter previo a la misma, se ha dado a la representación de los trabajadores la preceptiva audiencia previa a su implantación con arreglo a lo preceptuado en el art. 64.5 del ET con antelación suficiente para que se emitiera el informe correspondiente, y que por otro lado, de forma colectiva y a nivel sectorial se ha pactado que el ejercicio de los derechos de desconexión digital con arreglo a la ley y las políticas de cada de una de las empresas».

No se vulnera el derecho a la libertad sindical de dicho sindicato cuando la empresa negocia los acuerdos de teletrabajo de forma individual, ni cuando establece condiciones contrarias a un convenio que no consta como negociado por dicho sindicato y que no acredita estar llamado a negociar, ni por el hecho de que la empresa haya elaborado su propia política desconexión digital.

SAN, rec. 33/2022, de 22 de marzo de 2022, ECLI:ES:AN:2022:1132

Debemos señalar que la LOPD distingue entre políticas de desconexión digital y regulación del ejercicio de los derechos de desconexión digital. Mientras que la elaboración de las primeras se encuentra encomendada en la empresa, previa audiencia a la RLT, la regulación del ejercicio de tales derechos se encomienda a la negociación colectiva y, en su defecto al acuerdo de empresa.

Reconocimiento del derecho a desconexión y buenas prácticas en desconexión digital

Por lo general vía convenio colectivo se fijará la obligación de reconocimiento del derecho de los trabajadores a no responder a los mails o mensajes profesionales fuera de su horario de trabajo en consonancia con la normativa citada el principio. No obstante, las partes firmantes del protocolo han de reflejar la necesidad de impulsar el derecho a la desconexión digital una vez finalizada la jornada laboral. Es decir, nuestro protocolo en primera instancia ha de reconocer de forma expresa del derecho de los trabajadores/as a la intimidad en relación con el entorno digital y con el uso de dispositivos digitales puestos a su disposición por las empresas y el derecho a la desconexión digital en el ámbito laboral.

Aunque, insistimos, el derecho a la desconexión se remite a la negociación colectiva en cuanto a sus modalidades, la doctrina está proponiendo prohibir determinadas actividades para garantizar que ningún empleado sea «molestado» en su tiempo de descanso:

- El envío de correos electrónicos y la realización de llamadas fuera del horario laboral fijado.
- La organización de reuniones en períodos de descanso (comidas, pausas de café, etc.).
- La realización de contactos no necesarios o urgentes con otros compañeros en fines de semana o festivos.
- El contacto a través de teléfonos privados de los empleados, aunque hayan dado su consentimiento para ello, salvo en situaciones urgentes o de emergencia.

Estos aspectos que podríamos definir como «de mínimos», se regulan en la práctica totalidad de los protocolos junto a las excepciones en las que no se aplicarían las prohibiciones referidas (por ejemplo, contacto con personal de guardia, localización de personal implicado en la gestión de una brecha de seguridad con carácter urgente, etc.). (STSJ de Galicia n.º 1158/2024, de 4 marzo de 2024, ECLI:ES:TSJGAL:2024:1944).

|| Comunicaciones realizadas fuera de la jornada laboral

Con el fin de garantizar el descanso de todo el personal es recomendable instaurar que no se realicen llamadas, ni se enviarán mails o mensajes instantáneos en una determinada franja horaria o días de la semana salvo circunstancias excepcionales. Hay que especificar que no será necesario responder mails, llamadas o mensajes profesionales fuera del horario de trabajo pactado.

Una herramienta útil será la configuración del envío diferido de correos y evitar las «cadenas de mails» restringiendo el uso del «responder a todos». Del mismo modo, en caso de enviar una comunicación que pueda suponer respuesta fuera del horario establecido al efecto, ha de quedar suficientemente claro que el remitente ha de reponer en la jornada laboral siguiente.

Ejemplos:

> «Las personas trabajadoras de TIS tendrán derecho a no responder a ninguna comunicación, fuere cual fuere el medio utilizado (correo electrónico, WhatsApp, teléfono, etc.), una vez finalizada su jornada laboral, salvo que concurran las circunstancias señaladas en la medida Quinta de este documento». (**Acuerdo de medidas para la desconexión digital: Telefónica Ingeniería de Seguridad, SAU. BOE: 07/01/2020)).**

‖ Vacaciones y días de descanso

En ningún caso se enviarán mails, mensajes instantáneos o se realizarán llamadas durante los fines de semanas, festivos ni periodos de vacaciones del personal, salvo excepciones por necesidades de negocio justificadas e ineludibles.

Dado que otras personas pueden no conocer que el trabajador se encuentra de vacaciones, nuestro protocolo puede establecer la obligación de fijar la obligación de dejar un mensaje de aviso en el correo electrónico informativo, indicando los datos de contacto de la persona trabajadora que hubiera sido designada por la empresa para su reemplazo, así como las fechas de duración de periodos como los de vacaciones, días de asuntos propios, descanso diario y semanal, permisos, incapacidades o excedencias, etc.

Ejemplos:

> «Una vez finalizada la jornada laboral, y para gestionar mejor las cargas de trabajo de aquellas personas que dispongan de dispositivos portátiles para trabajar, teléfonos móviles, tabletas u ordenadores deberá respetarse el descanso entre jornadas de trabajo, el descanso semanal, los festivos, las vacaciones y cualquier tipo de ausencia justificada». (**Convenio colectivo de la compañía de Seguros Zurich** (BOE: 29/03/2019)).

‖ Convocatoria a reuniones

Las reuniones se convocarán siguiendo los horarios de prestación de servicios de las personas trabajadoras implicadas, indicando hora de inicio y hora máxima de finalización

Potenciar siempre el uso de las teleconferencias o videoconferencias con el fin de optimizar el tiempo y evitar desplazamientos.

> «Las reuniones, tanto presenciales como telemáticas, se convocarán preferiblemente dentro de la jornada laboral ordinaria. Aquellas que se deban desarrollar fuera de la jornada laboral ordinaria, serán consideradas

excepcionales y, siempre que sea posible, deberán ser convocadas con al menos 24 horas de antelación». (**Protocolo de Desconexión Digital ALTAMIRA, S.A**).

‖ Cursos formativos y de sensibilización

La formación del personal para posibilitar la eficacia y eficiencia en el desempeño de los puestos, su permanente adecuación profesional a los cambios organizativos y tecnológicos, y potenciar sus expectativas de promoción y desarrollo profesional ha de ocupar un aspecto fundamental dentro de nuestro protocolo. No hemos de olvidar, como hemos recalcado en múltiples ocasiones a lo largo de la obra, que el art. 88.3 LOPDGDD, obliga a realizar campañas y acciones de formación y sensibilización para informar y concienciar a la plantilla sobre la necesidad de la desconexión digital y explicar la naturaleza y el alcance de este protocolo.

Si bien, en función de la empresa puede resultar innecesario realizar grandes acciones, la tendencia actual de todos los protocolos es la de instaurar campañas informativas, acciones de formación, talleres, guías, etc., para «reforzar los compromisos adquiridos, así como para informar y concienciar a todas las personas trabajadoras y sobre todo a aquellos con capacidad organizativa, sobre la necesidad de cumplir los principios de buenas prácticas y en general el derecho a la desconexión digital de las personas trabajadoras fuera de las horas de trabajo; así como la implantación de automatismos, recordatorios, avisos electrónicos, todo ello sin perjuicio de aquellas medidas adicionales que ambas partes entiendan que pueden servir a reforzar este compromiso». [VIII *convenio colectivo de Iberdrola Grupo* (BOE: 02/03/2021)].

‖ Conveniencia de que las personas trabajadoras no hagan uso de ‖ los equipos y herramientas fuera de su jornada laboral

Es importante reflejar expresamente que, salvo causa de fuerza mayor, se reconoce el derecho de los trabajadores a no responder a los e-mails o mensajes profesionales fuera de su horario de trabajo.

Ejemplos:

«Las partes firmantes de este Convenio coinciden en la necesidad de impulsar el derecho a la desconexión digital una vez finalizada la jornada laboral. Por ello, salvo causa de fuerza mayor, se reconoce el derecho de los trabajadores a no responder a los e-mails o mensajes profesionales fuera de su horario de trabajo». [**Convenio colectivo para el Sector de Abogados, Procuradores y Graduados Sociales de Cantabria** (BOC: 30/10/2023)].

«Las personas trabajadoras tienen el derecho, a una vez concluida su jornada laboral, que se respete el tiempo de descanso y de vacaciones, así como su vida familiar y personal, hecho que comporta no atender comunicaciones telefónicas, mensajes o correos electrónicos, valorándose las diferentes casuísticas y tratamientos diferenciados que puedan existir». (**Convenio Colectivo del comercio textil de Barcelona**. BOC: 31/01/2023).

RESOLUCIÓN RELEVANTE

STSJ de Galicia n.º 1158/2024, de 4 marzo de 2024, ECLI:ES:TSJGAL:2024:1944

El derecho a la desconexión digital está íntimamente vinculado: «a) el deber de abstención de la empresa a no ponerse en contacto con el trabajador, y b) al derecho del trabajador a no responder a las comunicaciones del empresario o de terceros; Y estos dos postulados configuran la esencia misma de este derecho, por lo que el citado derecho comporta el deber de la mercantil de abstención de ponerse en contacto con el trabajador fuera del horario laboral, y en la medida que no lo ha cumplido la empresa, debe estimarse en parte el motivo y declarar y reconocer el derecho del actor a la desconexión digital».

Trabajo a distancia

El art. 13 de la Ley 10/2021, de 9 de julio, reconoce el derecho a flexibilizar el horario de prestación de servicios, respetando el marco fijado en el acuerdo de trabajo a distancia y la negociación colectiva y respetando los tiempos de disponibilidad obligatoria y la normativa sobre tiempo de trabajo y descanso.

No hay duda de que los derechos de la persona trabajadora en su relación laboral, como la protección de datos, la confidencialidad, el derecho a la intimidad y el derecho a la propia imagen, han recobrado un nuevo significado tras la llegada de las TIC y especialmente en el ámbito del teletrabajo o trabajo a distancia tras la pandemia del COVID-19. Ligado con el derecho a la intimidad y a la protección de datos fijado por el art. 17 de la LTD, y en consonancia con el vacío legal general en este punto, no se establecen en la nueva reglamentación los límites concretos al control empresarial, lo que complica salvaguardar un debido equilibrio entre la capacidad organizativa del empresario y la intimidad y libertad de la persona trabajadora a distancia.

El nuevo texto permite a las empresas adoptar las medidas de vigilancia que consideren oportunas para verificar que el trabajador cumple con sus funciones. Si bien, mediante el artículo citado, se introducen una serie de cautelas para evitar que se dañe la dignidad del empleado, lo que obligará a prestar especial atención a las modalidades de trabajo a distancia y trabajo desde casa total o parcial.

En cualquier caso, mediante el protocolo de desconexión pueden fijarse mecanismos de control de los puestos de trabajo no presenciales que deberán quedar concretados igualmente en el acuerdo de teletrabajo. En este sentido matizar:

- En materia de protección de datos han de respetarse los límites que rigen en el ámbito laboral para no infringir derechos.

- En materia de confidencialidad resulta cada día más importante para las empresas establecer mecanismos adecuados para proteger su know-how y cómo actuar en caso de incumplimiento de la obligación de confidencialidad por parte de la persona trabajadora.

- En cuanto al derecho a la intimidad de la persona trabajadora tras la llegada de las TIC al mercado laboral es necesario establecer límites a la capacidad de control del empresario en materia de uso del correo electrónico, en los casos de videovigilancia o geolocalización.

> **A TENER EN CUENTA.** Dentro del derecho a la desconexión digital, la LOPDGDD deja en manos de la negociación colectiva y de la política interna de la empresa las modalidades de ejercicio de este derecho, así como las acciones de formación y sensibilización del personal sobre el uso razonable de las herramientas informáticas, haciendo especial referencia a los supuestos de trabajo a distancia y teletrabajo.

RESOLUCIÓN RELEVANTE

STSJ de Asturias n.º 1984/2022, de 18 de octubre de 2022, ECLI:ES:TSJAS:2022:3622

«Consideramos conveniente hacer una precisión acerca del invocado 'derecho a la desconexión digital', que la recurrente utiliza para tratar de justificar la inobservancia por su parte de la obligación de abrir el proceso de negociación una vez los demandantes le hicieron llegar la solicitud de aquellas medidas de conciliación de la vida familiar y laboral. El artículo 88 de la Ley Orgánica 3/2018, de 5 de diciembre, Ley de Protección de datos, reconoce a las personas trabajadoras el derecho a ese tipo de desconexión 'a fin de garantizar, fuera del tiempo de trabajo legal o convencionalmente establecido, el respeto de su tiempo de descanso, permisos y vacaciones, así como de su intimidad personal y familiar'; y, añade que ' las modalidades de ejercicio de este derecho atenderá a la naturaleza y objeto de la relación laboral, potenciará el derecho a la conciliación de la actividad laboral y la vida personal y familiar (....) En particular, se preservará el derecho a la desconexión digital en los supuestos de realización total o parcial del trabajo a distancia así como en el domicilio del empleado vinculado al uso con fines laborales de herramientas tecnológicas'. En el mismo sentido se pronuncia el artículo 18 de la Ley 10/2021, de 9 de julio, reguladora del trabajo a distancia, que establece que el deber empresarial de garantizar la desconexión digital ' conlleva una limitación del uso de los medios tecnológicos de comunicación empresarial y de trabajado durante los periodos de descanso, así como el respeto a la duración máxima de la jornada y a cualesquiera límites y precauciones en materia de jornada que dispongan la normativa legal o convencional aplicables'. Lo que habrá de ser un derecho a respetar tras la aceptación y puesta en marcha de las medidas de conciliación solicitadas, al menos de la medida consistente en prestar los servicios en régimen de teletrabajo, no puede convertirse en argumento válido en manos de la empresa para negar de facto el reconocimiento del derecho básico a conciliar vida familiar y profesional».

Excepciones

|| Urgencia justificada o fuerza mayor

El derecho de desconexión digital deberá adaptarse a la naturaleza y características de cada puesto de trabajo, en particular el de aquellas personas trabajadoras que por el carácter de sus funciones y responsabilidades tengan una especial disponibilidad para la empresa [art. 11 del *convenio colectivo de empresas de mediación de seguros privados* (BOE n.º 273, de 15/11/2023)]. Por ello, es habitual que por convenio se establezcan parámetros como: «Las partes firmantes de este Convenio coinciden en la necesidad de impulsar el derecho a la desconexión digital una vez finalizada la jornada laboral. Por ello, salvo causa de fuerza mayor, se reconoce el derecho de los trabajadores a no responder a los e-mails o mensajes profesionales fuera de su horario de trabajo». (*Convenio Colectivo del Sector de Abogados, Procuradores y Graduados Sociales de Cantabria 2023-2026*. BOC n.º 208 de 30/10/2023)

La excepción como «fuerza mayor» no ha sido definida atendiendo a la desconexión digital, por lo que, en base a la doctrina y jurisprudencia sobre la suspensión del contrato de trabajo por fuerza mayor, podemos definirlo como un acaecimiento externo al círculo de la empresa, y como tal extraordinario, de todo independiente de la voluntad del empresario respecto a las consecuencias que acarrea en orden a la prestación del trabajo. (STSJ del País Vasco, rec. 2746/2005, de 14 de febrero de 2006, ECLI:ES:TSJPV:2006:597).

Es obvio que en toda organización pueden surgir imprevistos o necesidad de comunicación urgente con el personal. Nuestro protocolo ha de hacer referencia a esto fijando una serie de supuestos considerados como «circunstancias de fuerza mayor» o que supongan un grave, inminente o evidente perjuicio empresarial o del negocio, cuya urgencia temporal necesita indubitadamente de una respuesta inmediata. En tales casos en los que se requiera una respuesta urgente, se podrá contactar con los trabajadores fuera de su horario laboral, expresándoles la causa que motive la situación de necesidad.

CUESTIÓN

¿Qué constituyen circunstancias excepcionales que justifican la no aplicabilidad de las medidas de desconexión digital?

Deben establecerse por convenio, con carácter general este concepto se referirá a los supuestos de fuerza mayor o que puedan suponer un riesgo hacia las personas o un potencial perjuicio empresarial, así como aquellas situaciones reguladas en las políticas o protocolos de desconexión digital aprobados en el seno de las empresas, cuya urgencia requiera de la adopción de medidas especiales o respuestas inmediatas.

Personas trabajadoras que permanezcan a disposición de la empresa y perciban el complemento de disponibilidad

Se excluye la aplicación del derecho a desconexión digital, durante los períodos de localización, a aquellas personas trabajadoras que permanezcan a disposición de la empresa y perciban por ello un complemento de disponibilidad u otro de naturaleza análoga. [Ej. art. 65.4 del *convenio colectivo de autotransporte turístico español*, SA. (BOE n.º 231 de 27/09/2021)]

Para la reciente STSJ de Madrid, n.º 453/2023, de 17 de julio de 2023, ECLI:ES:TSJM:2023:8990, el plus de disponibilidad retribuye, «(...) no sólo la ampliación de jornada sino que esta empiece o finalice fuera de lo programado inicialmente siempre y cuando se respete el contenido del artículo 17 c) del Convenio de aplicación» (...) «Si la empresa está facultada a poder llamar a los trabajadores para llevar a cabo cambios de jornada las doce horas previas a tener que realizar un servicio esto implica que en ocasiones tendrá que hacerlo en los tiempos de descanso y si el trabajador cobra Disponibilidad deberá estar disponible. Cuestión diferente es que el trabajador opte por la no disponibilidad».

Vigencia

Cualquier protocolo será un documento vivo, objeto de revisión por parte del organismo designado ante novedades legislativas o incidencias detectadas.

Las partes podrán establecer la vigencia del protocolo que consideren siendo la tendencia actual la de seguir lo establecido para el convenio colectivo.

Acciones de Implantación, comunicación, sensibilización y formación

Entre las principales acciones para garantizar el derecho a desconexión digital encontramos (art. 88.3 de la LODPGDD):

- **Comunicación**: la empresa garantizará el conocimiento del protocolo para todas las personas trabajadoras.

- **Sensibilización en la aplicación del protocolo**: creando cultura y actuando con ejemplaridad de manera que todos los colaboradores se impliquen y se responsabilicen en su uso. Las personas con equipos a su cargo tendrán la especial función de garantizar la utilización del presente protocolo en su ámbito de responsabilidad.

- **Formación sobre la utilización adecuada de las herramientas tecnológicas**: la adquisición de las competencias y manejo de las herramientas digitales es indispensable para minimizar los aspectos negativos y lograr un uso eficiente de las mismas. Fundamental será asegurar que quienes tengan la responsabilidad sobre un equipo de personas cumplan especialmente las políticas de desconexión digital, al ser una posición referente respecto a los equipos que coordinan.

Dentro del ámbito de igualdad, y más concretamente como medida de conciliación de la vida laboral, personal y familiar, bien por aplicación directa del plan de igualdad, bien por acuerdo entre las partes será recomendable implantar medidas de sensibilización sobre el uso razonable de los dispositivos digitales.

A TENER EN CUENTA. El art. 88 LOPDGDD fija la obligación, previa audiencia de los representantes de los trabajadores de elaborar una política interna dirigida a trabajadores, incluidos los que ocupen puestos directivos, en la que definirán las modalidades de ejercicio del derecho a la desconexión y las acciones de formación y de sensibilización del personal sobre un uso razonable de las herramientas tecnológicas que evite el riesgo de fatiga informática.

Ejemplos:

> «(...) los superiores jerárquicos se abstendrán de requerir respuesta en las comunicaciones enviadas a las personas trabajadoras fuera de horario de trabajo o próximo a su finalización, siempre que pudieran suponer para los destinatarios de las mismas la realización de un trabajo efectivo que previsiblemente pueda prolongarse e invadir su tiempo de descanso.

Por ello, las personas destinarias de la comunicación tendrán derecho a no responder a la misiva hasta el inicio de la siguiente jornada laboral». **(Acuerdo de medidas para la desconexión digital: Telefónica Ingeniería de Seguridad, SAU. BOE: 07/01/2020)).**

«TIS implementará las medidas de sensibilización sobre las que se ampara el derecho a la desconexión digital. Para lo cual se informará y/o formará a las personas trabajadoras sobre la necesaria protección de este derecho, teniendo en cuenta las circunstancias, tanto laborales como personales de todas las personas trabajadoras, y para ello se pondrá a disposición de las mismas, toda la información y/o formación que precisen para la comprensión y posterior aplicación de las mencionadas medidas protectoras del derecho a la desconexión digital.

Corresponde a quienes tengan la responsabilidad sobre un equipo y/o superiores jerárquicos de las personas trabajadoras, fomentar y educar mediante la práctica responsable de las tecnologías y con el propósito de dar cumplimiento al derecho a la desconexión digital». **(Acuerdo de medidas para la desconexión digital: Telefónica Ingeniería de Seguridad, SAU. BOE: 07/01/2020)).**

«Por ello, a fin de asegurar el respeto del tiempo de descanso y de vacaciones, así como de la vida personal y familiar, se reconoce el derecho a no atender a las obligaciones derivadas de su trabajo a través del teléfono, el ordenador o cualquier otro dispositivo electrónico fuera de la jornada habitual de trabajo, salvo en circunstancias urgentes o excepcionales. La empresa adoptará las medidas oportunas durante la vigencia del convenio e integrará dentro de su plan de formación sesiones de sensibilización sobre el uso racional de los dispositivos digitales». (Convenio Estrella de Levante, Fabrica Cerveza, S.A. (BOE: 05/08/2020))

«Asimismo, se iniciarán actuaciones de comunicación y sensibilización, dirigidas a las plantillas y a los mandos intermedios, y a la misma dirección de la empresa, sobre las pautas de trabajo derivadas del protocolo, y sobre el uso razonable de las comunicaciones y medios digitales». **(Convenio Colectivo del comercio textil de Barcelona. BOC: 11/11/2019).**

Canal de comunicación para denuncias, quejas, reclamaciones o sugerencias: vulneración del derecho a desconexión

Según se determine, en caso de vulneración de su derecho a la desconexión, la persona trabajadora podrá alertar de la situación al responsable jerárquico, el responsable de recursos humanos, representantes del personal, etc.

En virtud del artículo 8 de la Directiva (UE) 2019/1937, la necesidad de un canal interno de denuncias y seguimiento del mismo afectará tanto al sector privado como público, previa consulta a los interlocutores sociales y de acuerdo con ellos cuando así lo establezca el derecho nacional. No obstante, **hasta la transposición de la Directiva** *whistleblowing*, **el establecimiento de un canal de denuncias interno, así como los mecanismos de protección de los denunciantes, en principio, no serán obligatorios.**

Actualmente el art. 24 de la Ley Orgánica 3/2018, de 5 de diciembre, de Protección de Datos Personales y garantía de los derechos digitales (LOPDG-DD) específica:

> «Será lícita la creación y mantenimiento de sistemas de información a través de los cuales pueda ponerse en conocimiento de una entidad de Derecho privado, incluso anónimamente, la comisión en el seno de la misma o en la actuación de terceros que contratasen con ella, de actos o conductas que pudieran resultar contrarios a la normativa general o sectorial que le fuera aplicable. Los empleados y terceros deberán ser informados acerca de la existencia de estos sistemas de información».

La denuncia interna es el mejor modo de recabar información de las personas que pueden contribuir a resolver cualquier tipo de incidencia en relación con la desconexión digital en la organización. Es conveniente fijar un procedimiento de denuncia interna asociado a incumplimientos del protocolo, siempre dejando bien claro el cumplimiento del **deber de confidencialidad, tratamiento de datos y Registro de las denuncias (Directiva (UE) 2019/1937 y LOPDGDD)**.

Protección ante posibles represalias

Entre los derechos laborales básicos de las personas trabajadoras se encuentra el de accionar individualmente las acciones derivadas de su contrato laboral.

El derecho de indemnidad o garantía de indemnidad es un instrumento jurídico cuyo objetivo es garantizar la efectividad de los derechos fundamentales. Esto permite que el trabajador ejerza sus derechos frente al empresario sin el riesgo de recibir represalias.

Las empresas no podrán aplicar el régimen disciplinario recogido en el convenio como consecuencia del ejercicio por parte de las personas trabajadoras de su derecho a desconexión digital. Este aspecto debe ser también reflejado en el protocolo.

RESOLUCIÓN RELEVANTE

STSJ de Galicia n.º 4797/2022, de 20 de octubre de 2022, ECLI:ES:TSJGAL:2022:7293

«En cuanto al incumplimiento de los horarios y derecho a la desconexión digital hemos de señalar que solo consta un correo relativo a formaciones tras la reincorporación de la IT (el del 11 de noviembre) en donde se le avisa con antelación de 11 días para una formación la cual está dentro de su horario de trabajo; nada se alega en este momento en relación con que le impide el ejercicio de su derecho a la flexibilidad horaria, y en todo caso tampoco tenemos datos en la sentencia que avalen un argumento de que solo a esta trabajadora se le impidió hacer uso de tal derecho. Tampoco se aprecia tal vulneración si atendemos a los correos remitidos para formaciones antes de la IT ya que todos constan enviados en horario de trabajo de la actora y para realizar dentro de ese horario; recordemos que en la fundamentación jurídica, con evidente valor fáctico se recoge que 'la jornada de trabajo será de 1.800 horas anuales, prestadas de lunes a viernes en el siguiente horario de trabajo: de 9:00

a 14:00 horas y de 16:00 a 19:00 horas, excepto los días que se desplace al centro de trabajo del cliente, que se adaptará a los horarios del mismo con los descansos que establece la ley.'. Además hemos de recordar que como se recoge en sentencia, con evidente valor fáctico, la adjudicación de curso se realizaba conforme a un orden preestablecido».

Seguimiento y proceso de auditoria

En este punto, y con el fin de crear una infraestructura en la empresa para el control de la desconexión digital, sería posible crear una comisión paritaria formada por la RLT y representantes de la empresa o atribuir a un órgano existente (Comisión de Igualdad por ejemplo) el seguimiento de las medidas impulsadas, la concreción de indicadores de cumplimiento, análisis de las incidencias con el registro de jornada o de conexiones a servidores fuera de horario, la redacción de una manual de buenas prácticas internas, la redacción encuesta anual destinada a los trabajadores, etc.

Del mismo modo, es recomendable implantar un proceso de auditoría de forma que al menos anualmente se realice una encuesta entre los empleados para evaluar el grado de cumplimiento de estas normas y la detección de posibles malas praxis o incumplimientos. Dentro del plan de igualdad sería posible fijar seguimientos y evaluaciones periódicas del protocolo.

CUESTIÓN

¿Qué buenas prácticas podría fijar un protocolo de desconexión digital?

A modo de ejemplo:

«- Garantizar el cumplimiento de la jornada anual pactada en Convenio Colectivo vigente.

- Garantizar el cumplimiento de las necesidades de nuestro servicio esencial, lo que implica el respeto de las diferentes modalidades de jornada, así como, en aquellos casos en los que el servicio lo requiere, la atención de incidencias fuera de dicha jornada.

- Evitar, salvo en situaciones debidamente justificadas, prolongaciones de jornada y la realización de horas extraordinarias.

- Impulsar una cultura enfocada a resultados, a la mejora de la productividad y a la satisfacción del cliente, eliminando la cultura del presentismo.

- Fomentar una ordenación racional del tiempo de trabajo y su aplicación flexible, así como el uso de las tecnologías y herramientas de planificación.

- Fomentar la racionalización del tiempo invertido en reuniones y evitando, en la medida de lo posible teniendo en cuenta el carácter internacional y los diferentes husos horarios de las compañías del Grupo, convocar reuniones a partir de las 6 de la tarde.

- Promover un uso eficiente y racional del e-mail y el teléfono corporativo, no solicitando respuesta fuera de los horarios de trabajo, ni durante los tiempos de descanso, permisos, licencias o vacaciones, salvo causa de fuerza mayor o circunstancias excepcionales». (VIII Convenio colectivo de Iberdrola Grupo (BOE: 02/03/2021)).

5.
TUTELA JURISDICCIONAL DE LA VULNERACIÓN DEL DERECHO A DESCONEXIÓN DIGITAL

Para reclamar una posible vulneración del derecho a la desconexión digital, se deben seguir los siguientes pasos:

Identificación de la vulneración

El trabajador debe identificar claramente las situaciones en las que se ha vulnerado su derecho a la desconexión digital, es decir, cuando se le ha requerido realizar actividades laborales fuera de su horario de trabajo sin justificación adecuada. Para ello, como hemos visto, el registro horario y la comunicación efectuada por la empresa fuera del horario laboral serán pruebas relevantes.

Revisión de la política interna

Verificar si la empresa ha elaborado una política interna de desconexión digital conforme a lo establecido en el art. 88.3 de la LOPDGDD, que debe incluir, junto a otros aspectos, las modalidades de ejercicio del derecho a la desconexión digital.

Lo recomendable sería establecer una correlación entre la comunicación realizada por la empresa y lo establecido en el protocolo y la reincidencia en la actuación.

Comunicación a la empresa

Informar a la empresa sobre la vulneración del derecho, preferiblemente por escrito, detallando las circunstancias y solicitando que se respete el derecho a la desconexión digital. En estos casos debemos seguir lo establecido en el protocolo.

Intervención de los representantes de los trabajadores

Si la empresa no toma medidas, se puede recurrir a los representantes de los trabajadores para que intervengan y medien en la resolución del conflicto.

Denuncia ante la Inspección de Trabajo y Seguridad Social

Si la situación persiste, se puede presentar una reclamación ante la Inspección de Trabajo, que puede sancionar a la empresa por incumplimiento de las condiciones de trabajo y las obligaciones legales en materia de descanso.

La denuncia ante la ITSS se trata del único medio directo que tienen los trabajadores/as para poner en conocimiento de la Inspección de Trabajo y de la Seguridad Social los hechos del empresario o sus representantes que puedan suponer infracciones de la normativa social.

El **origen de la denuncia es confidencial**, es decir, el inspector o cualquier otro funcionario de la Inspección de Trabajo y Seguridad Social, no puede revelar la identidad del denunciante al empresario inspeccionado (arts. 10 de la Ley 23/2015, de 21 de julio y 10 del Real Decreto 138/2000, de 4 de febrero).

En el escrito de denuncia ante la Inspección de Trabajo y Seguridad Social deben constar:

- Los **datos personales del denunciante, datos que deben ser suficientes para identificarlo (nombre, DNI, domicilio, etc.). Por supuesto, debe ir firmado por el denunciante**.

- Los **hechos que se denuncian**, así como el lugar y fecha en que ocurrieron, si son susceptibles de poder ser concretados de tal forma, además de cualquier otra circunstancia que se considere importante y de la fecha de la denuncia.

- **Identificación de los responsables de los supuestos hechos**. Debemos tener en cuenta que esta identificación ha de ser lo más concreta y precisa posible.

- **Medios de prueba**: para facilitar dentro de lo posible la función de la inspección, es importante suministrar todos los medios por los que consideremos que pueden comprobarse las presuntas infracciones, identificar las personas que pueden declarar sobre los hechos especificando la ubicación y la hora en la que pueden ser hallados en el centro de trabajo, señalar el lugar donde puedan hallarse documentos u otros medios de prueba acreditativos de los hechos etc.

- **Medidas cautelares**: la adopción de medidas preventivas para garantizar la efectividad de la inspección corresponde al inspector actuante, pero podemos proponerlas en el escrito de denuncia (por ejemplo, el requerimiento de paralización de trabajos en materia de prevención de riesgos laborales).

> **A TENER EN CUENTA.** La denuncia tiene que cumplir tres requisitos básicos:
>
> 1. Se tiene que presentar por escrito.
>
> 2. Se tiene que identificar la persona denunciante (en ningún caso se presentará anónimamente).
>
> 3. Se tiene que presentar de forma presencial (no se admitirán denuncias enviadas por correo electrónico).

La LITSS no establece requisitos formales para la formulación de denuncias, tan solo especifica que no se tramitarán:

- Las denuncias anónimas.
- Las que resulten ininteligibles.
- Las manifiestamente infundadas.
- Las que denuncie asuntos que no sean competencia de la ITSS.
- Las que coincidan con asuntos cuyo conocimiento esté sometido a un órgano judicial.

Acción judicial

En caso de que las medidas anteriores no sean efectivas, el trabajador puede interponer una **demanda judicial**. La jurisprudencia ha reconocido que la vulneración del derecho a la desconexión digital puede ser considerada una violación del derecho a la intimidad personal y familiar, lo que permite dirigir la acción judicial al procedimiento de tutela de los **derechos fundamentales y libertades públicas**.

Como ha concluido la STSJ de Madrid n.º 962/2020, de 4 de noviembre de 2020, ECLI:ES:TSJM:2020:10055:

a) En tiempo de descanso el trabajador tiene derecho a la desconexión digital, esto es, a mantener inactivos sus dispositivos o medios de comunicación, de manera que no reciba mensajes de la empresa o de sus compañeros de trabajo por razones laborales.

b) No afecta al derecho a la desconexión digital (y, por tanto, a la intimidad personal y familiar) el que la empresa ordene la realización de trabajo efectivo y retribuido fuera del horario normal, porque entonces ya no hablamos de tiempo de descanso, sino de tiempo de trabajo. Obviamente ello implica que el tiempo de conexión del trabajador para realizar actividades laborales, también cuando se realiza a distancia y por medios electrónicos, tiene la consideración de tiempo de trabajo, con las consecuencias legales que de ello se derivan.

c) Si dicho trabajo se realiza más allá de la jornada se tratará de horas extraordinarias que con carácter general son voluntarias, salvo pacto en contrario.

d) En otro caso, si la realización de trabajo efectivo (presencial o a distancia) fuera del horario normal implica un cambio del mismo o de la jornada ordinaria, estaremos ante una modificación unilateral de las condiciones de trabajo, que según los casos puede ser sustancial (regulada por el artículo 41 del Estatuto de los Trabajadores) o no.

Considerando que la LOPDGDD clasifica el derecho a la desconexión digital en el ámbito laboral como uno de los derechos digitales de los ciudadanos —a pesar de no concretar específicamente su **consideración de «derecho fundamental»**— entendemos posible dirigir las acciones judiciales al procedimiento de tutela de los derechos fundamentales y libertades públicas en el orden social regulado en los art. 177 y ss. de la LRJS en base a la vulneración del derecho del trabajador a la intimidad personal y familiar del artículo 18 de la Constitución en su vertiente de desconexión digital regulada en el artículo 88 de la LOPDGDD.

No obstante, sería posible realizar otro tipo de reclamaciones como:

- **Reclamación de cantidad.** En caso de optar por reclamación de cantidad ante el impago de horas extraordinarias realizadas se seguirá el **proceso monitorio laboral** (art. 101 de la LRJS) o el **proceso laboral ordinario** mediante demanda de reclamación de cantidad (arts. 80 y ss. de la LRJS).

- **Conciliación de la vida personal, familiar y laboral, reconocidos legal o convencionalmente.** Mediante la tutela de los derechos de conciliación de la vida personal, familiar y laboral reconocidos legal o convencionalmente (art. 139 de la LRJS).

- Todas las personas trabajadoras tienen derecho a una **«protección eficaz en materia de seguridad y salud en el trabajo»** (art. 19.1 del ET). Desde esta perspectiva, la **ausencia de una evaluación psicosocial en la prevención de riesgos laborales de la desconexión digital** también podría reclamarse como un incumplimiento de la Ley de Prevención de Riesgos Laborales (arts. 16, 36, 38 y 39 de la LPRL y 3, 5 y 37 del RSP).

CUESTIÓN

Si no se cumple la desconexión digital de las personas trabajadoras, ¿existe derecho a una indemnización adicional?

Los daños morales resultan indisolublemente unidos a la vulneración del derecho fundamental, y cuando resulte difícil su estimación detallada deberán flexibilizarse, en lo necesario, las exigencias normales para la determinación de la indemnización (STS, rec. 109/2012, de 17 de diciembre de 2013, ECLI:ES:TS:2013:6407, y STS, rec.24/2016, de 19 de diciembre de 2017, ECLI:ES:TS:2017:4806), sobre cuya cuantía debe pronunciarse el juez determinándolo prudencialmente cuando la prueba de su importe exacto resulte demasiado difícil o costosa, para resarcir suficientemente a la víctima y restablecer a ésta, en la medida de lo posible, en la integridad de su situación anterior a la lesión, así como para contribuir a la finalidad de prevenir el daño.

La cuantificación de los daños corresponde al Juez de Instancia siendo solo revisable en los casos en que resulte manifiestamente arbitraria, irrazonable o desproporcionada (**STS, rec. 89/2012, de 5 de febrero de 2013, ECLI:ES:TS:2013:817**), habiéndose considerado idónea la utilización del criterio orientador de las sanciones pecuniarias previstas por la LISOS para las infracciones producidas tanto por la Jurisprudencia ordinaria (**STS, rec. 7/2017, de 29 de noviembre de 2017, ECLI:ES:TS:2017:4714**) como por la constitucional (**STC n.º 247/06, de 27 de julio de 2006**).

Dos sentencias han analizado este aspecto relacionado con la desconexión digital hasta el momento:

– La STSJ de Cataluña, rec. 7704/2022, de 5 de mayo del 2023, ECLI;ES:TSJCAT:2023:4817, ha concluido que no cabe su invocación vinculada directa y necesariamente a una lesión de derechos fundamentales a la vida y a la integridad física y a la intimidad, aunque sí podrá fundamentar una eventual responsabilidad civil en caso de contingencia profesional y de la acreditación de nexo causal entre la conducta de la empresa y el daño causado.

– STSJ de Galicia, rec. 5647/2023, de 4 de marzo de 2024, ECLI:ES:TSJGAL:2024:1944: reconociendo la existencia de una vulneración del derecho a la desconexión digital (por el envío de comunicaciones fuera del horario laboral) y de una vulneración en el derecho a la protección de datos (cesión de datos por parte de la empresa a terceros sin que se hayan cumplido los deberes de información de la LOPDGDD) se fija: «(...) por la vulneración del derecho a la desconexión digital, habida cuenta del escaso número de correos electrónicos enviados fuera del horario laboral del actor y por tanto del escaso perjuicio y daño moral se estima adecuada la cantidad de 300 euros de indemnización por este concepto, y por la vulneración del derecho a la protección de datos se estima ajustada la cantidad de 700 euros, dadas las circunstancias del supuesto de autos, al no constar el consentimiento expreso del actor a la cesión de datos a terceros ni la información al respecto».

6.
PRONUNCIAMIENTO DE LOS TRIBUNALES RELACIONADOS CON LA DESCONEXIÓN DIGITAL

Repasamos algunos pronunciamientos de los tribunales relacionados con la desconexión digital.

Desconexión digital e intereses patrimoniales en la empresa

La **STSJ de las Is. Canarias, rec. 641/2023, de 28 de septiembre de 2023, ECLI:ES:TSJICAN:2023:3254**, analiza la desconexión digital y la realización de tareas durante periodos de incapacidad temporal, considerando los derechos e intereses patrimoniales implicados

Una trabajadora demanda por haber sido obligada a trabajar durante su incapacidad temporal por enfermedad, y por sufrir trato vejatorio por parte de la empresa. No obstante, la sala de lo social valora que la trabajadora tenía un «con interés patrimonial en el buen fin de la actividad», siendo su esposo propietario del 40 % del capital social.

La Sala desestima la demanda indicando que las gestiones que la trabajadora realizó puntualmente desde casa no constituyen una vulneración del derecho a la desconexión digital, ya que «(...) no parece una intrusión tan grave como para estimar la acción resolutoria, el que puntualmente el administrador (...) le pidiera que atendiera determinados pagos o gestiones durante aquel mes. Por otro lado, conforme a la testifical practicada en la persona de Miriam., administrativa, la actora no parecía contraria a colaborar, siendo de su interés seguir conectada, de hecho esa era la finalidad de que dejara las claves de su ordenador en la oficina, el que el trabajo no se retrasara».

¿El ejercicio del derecho de desconexión digital es compatible con el cobro del plus de disponibilidad?

Para la **STSJ de Madrid, n.° 453/2023, de 17 de julio de 2023, ECLI:ES:TSJM:2023:8990**, el plus de disponibilidad retribuye, «(...) no sólo la ampliación de jornada sino que esta empiece o finalice fuera de lo programado inicialmente siempre y cuando se respete el contenido del artículo 17 c) del Convenio de aplicación» (...) «Si la empresa está facultada a poder llamar a los trabajadores para llevar a cabo cambios de jornada las doce horas previas a tener que realizar un servicio esto implica que en ocasiones tendrá que hacerlo en los tiempos de descanso y si el trabajador cobra disponibilidad deberá estar disponible. Cuestión diferente es que el trabajador opte por la no disponibilidad».

¿Un compañero puede infringir el derecho a la desconexión digital?

La **STSJ de Madrid n.º 575/2023, de 28 de septiembre 2023, ECLI:ES:TSJM:2023:10259**, valida el despido de una persona trabajadora por infringir el derecho a la desconexión digital de sus compañeros durante las vacaciones

Se declara improcedente (y no nulo) el despido de una persona trabajadora por infringir el derecho a la desconexión digital de sus compañeros en su tiempo de descanso y vacaciones. Los hechos de la sentencia relatan que la trabajadora insistía en enviar mensajes de *WhatsApp*, llamadas y correos a su superior durante su periodo de vacaciones, lo que llegó a perturbar el descanso de sus compañeros. El fallo señala que la empresa dio una comunicación a la empleada en la que le recomendaba desconectar durante su baja debido a un «trastorno depresivo mayor recurrente» lo que demuestra que el despido no fue de manera discriminatoria.

¿Es necesario negociar las políticas de desconexión digital con la representación legal de las personas trabajadoras?

La **SAN n.º 53/2024, de 6 de mayo del 2024, ECLI:ES:AN:2024:2119**, desestima la demanda de tutela de la libertad sindical. Para la AN, no se vulnera el derecho a la libertad sindical de cuando la empresa negocia los acuerdos de teletrabajo de forma individual, ni cuando establece condiciones contrarias a un convenio que no consta como negociado por dicho sindicato y que no acredita estar llamado a negociar, ni por el hecho de que la empresa haya elaborado su propia política desconexión digital. Todo ello sin perjuicio de las cuestiones de legalidad ordinaria que puedan ser objeto de discusión en ulteriores procedimientos.

> «Por ello, y matizando cuanto razonamos en nuestra SAN de 22-3-2.022- autos 33/2022- debemos señalar que la LOPD distingue entre políticas de desconexión digital y regulación del ejercicio de los derechos de desconexión digital. Mientras que la elaboración de las primeras se encuentra encomendada en la empresa, previa audiencia a la RLT, la regulación del ejercicio de tales derechos se encomienda a la negociación colectiva y, en su defecto al acuerdo de empresa.
>
> En nuestro caso resulta que la empresa ha elaborado de forma unilateral una política de desconexión digital, si bien, con carácter previo a la

misma, se ha dado a la representación de los trabajadores la preceptiva audiencia previa a su implantación con arreglo a lo preceptuado en el art. 64.5 del ET con antelación suficiente para que se emitiera el informe correspondiente, y que por otro lado, de forma colectiva y a nivel sectorial se ha pactado que el ejercicio de los derechos de desconexión digital con arreglo a la ley y las políticas de cada de una de las empresas.

Por ello, en este aspecto, no puede afirmarse que se haya privado en modo alguno a la organización demandante de participar en proceso de negociación colectiva alguno».

¿Hay vulneración del derecho a la desconexión digital en las comunicaciones por *WhatsApp*?

Si las comunicaciones por *WhatsApp* constituyen un medio habitual utilizado en las comunicaciones entre la persona trabajadora y la empresa no hay vulneración del derecho a la desconexión digital, no obstante, con carácter general, fuera de su horario laboral la persona trabajadora no tendría obligación de contestar.

Para la **STSJ de Asturias n.° 700/2022, de 29 de marzo de 2022, ECLI:ES:TSJAS:2022:977:**

«(...) quedado acreditado que las comunicaciones a través de la aplicación WhatsApp desde el móvil personal del actor constituye un medio habitual utilizado por el trabajador para tratar asuntos relacionados con el trabajo. Tal convicción que lleva al hecho probado sexto cohonesta adecuadamente con la conclusión judicial de que ello constituye un "acto afirmativo claro" de su consentimiento a recibir en su teléfono móvil, vía WhatsApp, la comunicación de asuntos relacionados con el trabajo.

En este contexto, las concretas comunicaciones de las que trae causa la acción en tutela de derechos fundamentales no alcanzan a vulnerar en modo alguno ni el derecho a la protección de datos, ni el derecho de huelga. Primero, porque hemos de convenir con el Juzgador a quo en la validez de un acto tácito de consentimiento como el que entraña la utilización por el propio trabajador de aquel medio a través de su móvil personal. No en vano se describe por su habitualidad —no se trata de un cauce esporádico ni inusual— y por la directa y exclusiva relación con el medio laboral en el que redunda, además, que sea utilizado no meramente entre compañeros de trabajo, sino para y con distintos responsables de la empresa. Se trata de una situación en la que el rechazo del trabajador a los concretos mensajes que discute aparenta ciertamente inédito hasta entonces».

¿Existe el derecho a la desconexión digital dentro del tiempo de trabajo?

La **STSJ de Madrid n.° 962/2020, de 4 de noviembre de 2020, ECLI:ES:TSJM:2020:10055** (anterior al RDL 28/2020 y LTD), analiza el derecho a la desconexión digital fijado por el art. 88 de la LOPDGDD de un teletrabajador, llegando a la conclusión de que **cuando sea tiempo de trabajo efectivo no es aplicable el derecho de desconexión digital**:

> «a) En tiempo de descanso el trabajador tiene derecho a la desconexión digital, esto es, a mantener inactivos sus dispositivos o medios de comunicación, de manera que no reciba mensajes de la empresa o de sus compañeros de trabajo por razones laborales;
>
> b) No afecta al derecho a la desconexión digital (y, por tanto, a la intimidad personal y familiar) el que la empresa ordene la realización de trabajo efectivo y retribuido fuera del horario normal, porque entonces ya no hablamos de tiempo de descanso, sino de tiempo de trabajo. Obviamente ello implica que el tiempo de conexión del trabajador para realizar actividades laborales, también cuando se realiza a distancia y por medios electrónicos, tiene la consideración de tiempo de trabajo, con las consecuencias legales que de ello se derivan;
>
> c) Si dicho trabajo se realiza más allá de la jornada se tratará de horas extraordinarias que con carácter general son voluntarias, salvo pacto en contrario;
>
> d) En otro caso, si la realización de trabajo efectivo (presencial o a distancia) fuera del horario normal implica un cambio del mismo o de la jornada ordinaria, estaremos ante una modificación unilateral de las condiciones de trabajo, que según los casos puede ser sustancial (regulada por el artículo 41 del Estatuto de los Trabajadores) o no».

Por tanto **no se puede imponer a los trabajadores la obligación de conectarse remotamente con finalidad laboral desde fuera del centro de trabajo en sus tiempos de descanso** y dicho derecho es un mínimo garantizado por Ley Orgánica como desarrollo, al amparo del artículo 18.4 de la Constitución, del derecho fundamental a la intimidad personal y familiar. Ahora bien, **el derecho del trabajador no es incompatible con que la empresa pueda imponer la realización de actividades laborales fuera del horario ordinario,** que pueden tener carácter obligatorio, salvo cuando se trate de realizar horas extraordinarias, que solamente tienen carácter obligatorio cuando así se haya pactado individual o colectivamente (art. 35.4 del ET). Esas actividades laborales, que computan como tiempo de trabajo, pueden ser presenciales o a distancia, pero ello no altera su naturaleza.

En el caso la empresa ordena al trabajador la realización de un curso de formación *on line* de dos horas de duración de manera obligatoria. Con carácter general un curso de formación empresarial es una actividad laboral que debe ser considerada como tiempo de trabajo efectivo (art. 23.1 del ET).

> «Siendo tiempo de trabajo efectivo no le es aplicable el derecho de desconexión digital. Es más, podemos anotar que incluso si fuese de aplicación el Real Decreto-ley 28/2020, que no lo es ratione temporis, no llegaría a los umbrales del artículo 1 del mismo para ser considerado como trabajo a distancia y por tanto voluntario».

Legalidad de la cláusula contractual que obliga al trabajador a dar su número de móvil o correo electrónico a la empresa

Para la **STS, rec. 259/2014, de 21 de septiembre de 2015, ECLI:ES:TS:2015:4086**, la cláusula de un contrato obligando al trabajador a proporciona voluntariamente a la empresa el número de teléfono móvil o su cuenta de correo electrónico es abusiva.

El TS admite que pueden ponerse aquellos datos a disposición de la empresa e incluso «pudiera resultar deseable, «dado los actuales tiempos de progresiva pujanza telemática en todos los ámbitos». Si bien, se opone a que sea en el contrato de trabajo donde se haga constar cláusulas en donde el trabajador presta su voluntario consentimiento a aportar datos personales, siendo el trabajador la parte más débil del contrato y al ser incluida por la empresa en el momento de acceso a un bien escaso como es el empleo puede entenderse que su consentimiento sobre tal extremo no es por completo libre y voluntario, por lo que tal cláusula es nula por atentar contra un derecho fundamental y debe excluirse de los contratos de trabajo.

El Tribunal Supremo considera que la incorporación al contrato de los datos que se cuestionan, no están exentos del consentimiento del trabajador, ya que no lo están en la excepción general del, al no ser «necesarios para el mantenimiento o cumplimiento» del contrato de trabajo según la definición del Diccionario de la Real Academia (aquello que «es menester indispensablemente, o hace falta para un fin»), ya que la relación laboral ha podido hasta recientes fechas desarrollarse sin tales instrumentos.

Consideración como tiempo de trabajo de las guardias domiciliarias

La **STJUE n.º C-518/15, de 21 de febrero de 2018**, interpreta el art. 2 de la Directiva 2003/88, considerando el tiempo de guardia en que un trabajador, aun estando en su domicilio, tiene la obligación de responder a las convocatorias de su empresario en un plazo de ocho minutos, plazo que restringe considerablemente la posibilidad de realizar otras actividades, debe considerarse tiempo de trabajo, señalando en su punto 63 que la obligación de permanecer presente físicamente en el lugar determinado por el empresario y la restricción que, desde un punto de vista geográfico y temporal, supone la necesidad de presentarse en el lugar de trabajo en un plazo de ocho minutos, limitan de manera objetiva las posibilidades que tiene un trabajador de dedicarse a sus intereses personales y sociales, diferenciándose de la mera disponibilidad a los efectos de que el empresario pueda localizarle. El tiempo indicado, ocho minutos, es superior a la celeridad que implica el concepto de inmediatez que se exige al demandante, o, en todo caso, equivalente, por lo que las consideraciones expuestas son plenamente aplicables a nuestro caso.

Se concluye en el supuesto de autos que la clase de guardias localizadas no constituyen un verdadero trabajo o tiempo efectivo de trabajo, debiéndose abonar exclusivamente la prestación de servicios realizada dentro de aquella guardia por el total de tiempo dedicado.

En el mismo sentido y concepto, en relación al tiempo de disponibilidad pueden consultarse (citadas en la **STSJ País Vasco n.º 1875/2019, de 22 de octubre de 2019, ECLI:ES:TSJPV:2019:3113**):

- **STSJ de Cataluña, rec. 3681/2018, de 17 de octubre de 2018, ECLI:ES:TSJCAT:2018:8325**: donde se advierte que la sentencia del TJUE de 21 de febrero de 2018, C-518/15, se refiere a un tiempo de guardia localizado de un trabajador en su domicilio con una obligación de responder a las convocatorias de su empresario en un plazo muy reducido de ocho minutos, que restringe considerablemente la posibilidad de realizar otras actividades, y por lo que se considera excepcionalmente tiempo de trabajo efectivo.

- **SAN, rec. 125/2018, de 20 de septiembre de 2018, ECLI:ES:AN:2018:3511**: el hecho de estar únicamente disponible y localizable (guardia localizada) pendiente de una terminal de telefonía móvil proporcionado por la empresa, sin que se fije un plazo mínimo de disponibilidad para realizar las intervenciones que sean requeridas, sin fijar un plazo mínimo para un inicio de intervención, ni tampoco exigir una presencia en un lugar determinado, ni en las proximidades de la empresa, no puede ser calificado como tiempo efectivo de trabajo, por cuanto en este supuesto puntual la trabajadora prácticamente no ve mermada su libertad deambulatoria ni las posibilidades de dedicar tiempo al descanso o a sus inquietudes personales y/o sociales.

- **STSJ de Madrid, rec. 569/2018, de 25 de julio de 2018, ECLI:ES:TSJM:2018:8926**: resolviendo una demanda de conflicto rechaza la aplicación de la *doctrina Matzaka* las guardias localizadas del personal dedicado a las tareas de extinción-prevención de incendios forestales de la Comunidad de Madrid por cuanto no obliga a los trabajadores a encontrarse en un determinado lugar durante el período de guardia localizable, y el lapso temporal para incorporarse al puesto de trabajo no es tan leve.

- **STSJ Aragón, rec. 420/2018 de 17 de julio de 2018, ECLI:ES:TSJAR:2018:1501**: en lo que se refiere al tipo de guardia (24 horas) de un conductor de vehículos-grúa para retirar automóviles, entiende que tampoco puede ser calificado como tiempo efectivo de trabajo, porque, a diferencia del *Caso Matzak*, no consta un régimen de sujeción temporal y geográfica del trabajador al empresario tan estricto como en aquel caso, ni tampoco consta acreditado qué tiempo de reacción se le exige, ni consta acreditado que debiera permanecer durante la guardia en su domicilio o en otro lugar o si tenía libertad de movimientos.

¿El tiempo de descanso dentro del horario laboral ha de pagarse si no se disfruta?

Para la **STSJ Castilla y León, rec. 1698/2019, de 23 de enero de 2020, ECLI:ES:TSJCL:2020:158**, el tiempo de descanso de 30 minutos controvertido ha de considerarse como tiempo de trabajo, lo que automáticamente excluye su consideración como tiempo de descanso, puesto que según doctrina del TJUE, el concepto de tiempo de trabajo «se concibe en contraposición al de período de descanso, al excluirse mutuamente ambos conceptos« (sentencias Jaeger, C-151/02, apartado 48, y Dellas y otros, C-14/04, apartado 42, y autos Vorel, C-437/05, apartado 24, y Grigore, C-258/10, apartado 42).

Por tanto, el tiempo de descanso de 30 minutos, en el caso del actor, ha sido realmente tiempo de trabajo. Solamente cabría preguntarse si el inciso del artículo 64.5 del convenio colectivo, cuando dice que la «(...) interrupción no podrá afectar a la prestación de los servicios, garantizándose en todo momento que las dependencias y servicios queden adecuadamente atendidos, permite establecer excepciones, de manera que el derecho concedido en el inciso anterior pueda ser abolido por la empresa si las dependencias y servicios no quedasen adecuadamente atendidos. Lo cual debe merecer respuesta negativa por lo siguiente:

– Porque el texto del convenio colectivo no autoriza tal conclusión, dado que no dice que se deje de disfrutar el derecho por tal causa, sino que lo que permitirá será que la empresa pueda organizar los tiempos de descanso de los trabajadores para que no se superpongan, evitando situaciones de desatención de los servicios;

– Porque una interpretación contraria, además de no resultar del texto del convenio colectivo, supondría situar el mismo por debajo del mínimo legal infranqueable del artículo 34.4 del Estatuto de los Trabajadores».

Elementos necesarios para la consideración como tiempo trabajo

Según la **STJUE n.° C-266/14, de 10 de septiembre de 2015**, para la consideración de tiempo trabajo es preciso que se cumplan tres elementos:

– Que el trabajador esté en ejercicio de su actividad y funciones.
– Que el trabajador esté a disposición del empresario.
– Que el trabajador permanezca en el trabajo.

Límites al control de la actividad laboral mediante el poder de dirección

Para la **STSJ de Cataluña n.° 3613/2013, de 23 de mayo de 2013, ECLI:ES:TSJCAT:2013:5310**, la medida tecnológica implementada para el control de la actividad laboral excede el poder de dirección y organización del trabajo que tiene el empresario afectando a la intimidad y dignidad de los trabajadores.

La medida consistente en implantar un acelerómetro combinado con un GPS para poder conocer el lugar en que se encuentra el trabajador, «lleva consigo una situación de riesgo psicosocial pues la circunstancia de que utilice la empresa un aparato de última tecnología para controlar el trabajo no puede tener la consecuencia de que fuera de la jornada laboral tengan incluso que en su domicilio familiar en los que es la esfera personal y privada del trabajador haya de continuar en una situación in vigilando del citado dispositivo para que esté en condiciones óptimas para su buen funcionamiento en la jornada laboral».

El establecimiento del citado dispositivo infringe el art. 5 y art. 20.3 del ET, «pues constituye un exceso de ese poder de dirección y organización del trabajo que tiene el empresario, y que en este caso afecta a la intimidad y dignidad de los trabajadores».

Posibilidad de prestar servicios para otro empresario durante el periodo de vacaciones

Partiendo del artículo 38.1 del Estatuto de los Trabajadores, la **STC n.º 192/2003, de 27 de octubre de 2003**, establece la imposibilidad de prestar servicios para el mismo empresario que nos retribuye el periodo de vacaciones. Pero nada establece sobre la prestación de servicios para otro empresario. En consecuencia, la prestación de servicios durante el periodo de disfrute de vacaciones, considerándose causa de despido disciplinario. Sin embargo, esta interpretación sufrió un cambio de 180 grados en esta sentencia del Tribunal Constitucional, que establece el derecho a favor del trabajador de prestar servicios para otra empresa, durante su periodo de vacaciones.

El Tribunal Constitucional considera que, de no ser así, se estaría vulnerando la dignidad de los trabajadores, ya que supondría negar la libertad durante el periodo de vacaciones para que el trabajador despliegue su personalidad del modo que considere más conveniente.

Obligación de establecer un sistema que permita computar la jornada laboral diaria realizada por cada trabajador

Mediante la conocida **STJUE n.º C-55/18, de 14 de mayo de 2019**, el Tribunal de Justicia se opuso a una normativa que, según la interpretación que de ella hace la jurisprudencia nacional, no impone a los empresarios la obligación de establecer un sistema que permita computar la jornada laboral diaria realizada por cada trabajador, avalando la necesidad de registro horario. La sentencia se enmarca en una situación normativa distinta a la actual, dado que, con efectos de 12 de mayo se ha instaurado el deber de la empresa de garantizar el registro diario de jornada.

A TENER EN CUENTA. La sentencia publicada, se enmarcan en una situación normativa distinta a la actual, dado que, con efectos de 12 de mayo de 2019, el Real Decreto-ley 8/2019, de 8 de marzo, de medidas urgentes de protección social y de lucha contra la precariedad laboral en la jornada de trabajo, ha instaurado el deber de la empresa de garantizar el registro diario de jornada, que deberá incluir el horario concreto de inicio y finalización de la jornada de trabajo de cada persona trabajadora, sin perjuicio de la flexibilidad horaria existente.

Elaboración del calendario laboral y especificación de horario

Analizando la petición de una trabajadora de que la empresa establezca un calendario laboral «en el que se incluya los horarios de trabajo de los trabajadores», la **STSJ Galicia n.° 21/2019, de 18 de diciembre de 2018, ECLI:ES:TSJGAL:2018:5854**, recuerda jurisprudencia de interés:

- **STS n.° 547/2016, de 21 de junio de 2016, ECLI:ES:TS:2016:4073**

> «El punto de partida para la resolución del asunto no puede ser otro que lo dispuesto en el art. 34.6° ET: "Anualmente se elaborará por la empresa el calendario laboral, debiendo exponerse un ejemplar del mismo en un lugar visible de cada centro de trabajo"; poco más se dice en las normas legales del derecho del trabajo sobre el calendario laboral, más allá de la intervención que reconoce a los representantes de los trabajadores la Disposición adicional tercera del RD 1561/1995, de 21 de septiembre, sobre Jornadas Especiales de Trabajo, que bajo el título Competencia de los representantes de los trabajadores en materia de jornada, establece 'Sin perjuicio de las competencias reconocidas a los representantes de los trabajadores en materia de jornada en el Estatuto de los Trabajadores y en el presente Real Decreto, éstos tendrán derecho a: a) Ser consultados por el empresario y emitir informe con carácter previo a la elaboración del calendario laboral a que se refiere el apartado 6 art. 34 ET».

- **STS, rec. 147/2010, de 17 de mayo de 2011, ECLI:ES:TS:2011:3564**

De acuerdo con el art. 34.6 ET, la elaboración del «calendario laboral» que puede o no incluir el horario de trabajo, tras la derogación del RD 2001/1983:

> «Corresponde en principio a la empresa; y si bien la fijación inicial del horario de trabajo se atribuye también en principio al poder de dirección del empresario, ello ha de entenderse sin perjuicio de lo dispuesto en "los convenios colectivos o contratos de trabajo" (art. 34.1 ET), o de la exigencia de convenio colectivo o acuerdo de empresa para "la distribución irregular de la jornada a lo largo del año' (art. 34.2 ET) (así, STS 20/03/07 —rco 42/07—). E insistiendo en la misma doctrina, también hemos afirmado que esa facultad empresarial" no es omnímoda ya que deberá respetar tanto las normas de carácter necesario, fiestas nacionales, locales, así como

pactadas en convenio y el conjunto de condiciones que vengan rigiendo la jornada como resultado de acuerdos entre las partes o de una voluntad unilateral de la empresa cuando en este último caso se haya incorporado el acervo contractual de los trabajadores».

- STS, rec. 4240/1999, de 18 de septiembre de 2000, ECLI:ES:TS:2000:6488

Se precisa que la obligación impuesta al empleador por el art. 34.6.º ET no impone la publicación de los concretos horarios de trabajo:

> «Esta obligación venía impuesta en el artículo 4 del Real Decreto 2001/1983 que regulaba la jornada de trabajo y jornadas especiales. Pero este decreto quedó derogado por la Ley 11/1994 y por la Disposición Derogatoria Única del Real Decreto 1561/1995. Este último Decreto es el que ha pasado a regular la jornada y no contiene mandato alguno que obligue al empresario a incluir los horarios en el calendario laboral", de lo que se concluye que no cabe exigir al empresario como obligación legal la de incluir los horarios en el calendario que haya de publicar en cumplimiento del mandato del art. 34.6º ET».

- STS, rec. 175/2001, de 24 de enero de 2003, ECLI:ES:TS:2003:330

Reitera la no obligación de incluir los horarios en el calendario laboral, estableciendo lo siguiente:

> «Pero el silogismo parte del error de identificar cuadros horarios con calendario laboral, cuando son instrumentos de regulación del tiempo de trabajo claramente diferenciados y que no cabe confundir, aunque sea normal incluir los cuadros horarios en el calendario laboral. Así lo señaló esta Sala en su sentencia de 18-9 -00 (rec. 4240/99) en la que se recuerda que dicha inclusión ya no es obligada, tras la derogación del R. De 2001/83, porque no la impone el art. 34.6 ET". "Luego si, conforme a la jurisprudencia, el art. 34.6 ET no contempla la obligación de incluir en el calendario anual los horarios de los trabajadores, ni existe previsión en el Convenio en tal sentido, la pretensión de la demanda en tal sentido carece de fundamento normativo».

Sistema de guardias de localización con teletrabajo y desconexión digital

La **STSJ Madrid n.º 628/2020, de 8 de julio de 2020, ECLI:ES:TSJM:2020:7899**, analiza la confrontación del derecho a la desconexión durante el «tiempo de descanso, permisos y vacaciones» proclamada por el art. 88 de la LOPGDGDD con el establecimiento de un sistema de guardias de localización que obliga a la persona trabajadora a la conexión durante esos periodos.

Partiendo de la definición aportada por la Directiva 2003/88/CE del tiempo de trabajo como todo periodo durante el cual el trabajador permanezca en la empresa, a disposición del empresario y en el ejercicio de su actividad o de sus funciones, de conformidad con las legislaciones y/o prácticas nacionales. En contraposición, define tiempo de descanso como todo período que no sea tiempo de trabajo, la Sala concreta que «el tiempo de prestación de servicios en régimen de teletrabajo que se añada sobre la jornada presencial debe ser considerado tiempo de trabajo y adicionarse al tiempo presencial para calcular la jornada realizada».

ANEXO.
FORMULARIOS

Modelo genérico de protocolo para la desconexión digital en la empresa

El protocolo de desconexión digital es el documento por el que se establece la política interna y las medidas para garantizar el derecho a la desconexión digital de las personas trabajadoras (incluidos directivos y a distancia) de conformidad con los arts. 20 bis del Estatuto de los Trabajadores, 88 de LOPDGDD y 18 de la Ley del trabajo a distancia.

Todas las empresas están obligadas a tener un protocolo de desconexión digital, con independencia de su tamaño y área de actividad.

Modelo de protocolo (orientativo) con medidas y/o acciones positivas respecto a la ordenación del tiempo trabajo relativas a la desconexión digital. Téngase en cuenta la necesidad de adaptar este modelo a la realidad empresarial, las situaciones específicas de la plantilla y las imposiciones del convenio colectivo aplicable.

En [PROVINCIA], [FECHA].

REUNIDOS

Los miembros de la comisión negociadora del [CONVENIO COLECTIVO_PLAN_DE_IGUALDAD_PROTOCOLO_DESCONEXIÓN_DIGITAL] para [NOMBRE_EMPRESA], constituida por las siguientes personas:

Por la dirección de la empresa:

- D./D.ª [NOMBRE].
- D./D.ª [NOMBRE].
- D./D.ª [NOMBRE].

Por la representación de los trabajadores:

- D./D.ª [NOMBRE].
- D./D.ª [NOMBRE].
- D./D.ª [NOMBRE].

Todos ellos, después de las deliberaciones correspondientes, establecen, por unanimidad, el presente:

PROTOCOLO PARA LA DESCONEXIÓN DIGITAL A DESCONEXIÓN DIGITAL DE LAS PERSONAS TRABAJADORAS DE [NOMBRE_EMPRESA]

PRIMERO.- Objetivo del presente protocolo

Con el objeto de garantizar el respeto del tiempo de descanso, así como de su vida personal y familiar de las personas trabajadoras de [NOMBRE_EMPRESA] el presente protocolo tiene por objeto garantizar el derecho a la desconexión como herramienta fundamental para lograr una mejor ordenación del tiempo de trabajo en aras del respeto de la vida privada y familiar, que garantizando los compromisos asumidos con nuestros clientes permita desarrollar y favorecer el equilibrio entre la calidad de vida profesional y personal y la salud de todas las personas trabajadoras.

SEGUNDO.- Antecedentes normativos

La Ley Orgánica 3/2018, de 5 de diciembre, de Protección de Datos Personales y Garantía de los Derechos Digitales, en vigor desde el pasado 7 de diciembre de 2018, introduce en nuestro ordenamiento jurídico los siguientes aspectos normativos:

Artículo 88. Derecho a la desconexión digital en el ámbito laboral.

«1. Los trabajadores y los empleados públicos tendrán derecho a la desconexión digital a fin de garantizar, fuera del tiempo de trabajo legal o convencionalmente establecido, el respeto de su tiempo de descanso, permisos y vacaciones, así como de su intimidad personal y familiar.

2. Las modalidades de ejercicio de este derecho atenderán a la naturaleza y objeto de la relación laboral, potenciarán el derecho a la conciliación de la actividad laboral y la vida personal y familiar y se sujetarán a lo establecido en la negociación colectiva o, en su defecto, a lo acordado entre la empresa y los representantes de los trabajadores.

3. El empleador, previa audiencia de los representantes de los trabajadores, elaborará una política interna dirigida a trabajadores, incluidos los que ocupen puestos directivos, en la que definirán las modalidades de ejercicio del derecho a la desconexión y las acciones de formación y de sensibilización del personal sobre un uso razonable de las herramientas tecnológicas que evite el riesgo de fatiga informática. En particular, se preservará el derecho a la desconexión digital en los supuestos de realización total o parcial del trabajo a distancia así como en el domicilio del empleado vinculado al uso con fines laborales de herramientas tecnológicas».

Artículo 89. Derecho a la intimidad frente al uso de dispositivos de videovigilancia y de grabación de sonidos en el lugar de trabajo.

«1. Los empleadores podrán tratar las imágenes obtenidas a través de sistemas de cámaras o videocámaras para el ejercicio de las funciones de control de los trabajadores o los empleados públicos previstas, respectivamente, en el artículo 20.3 del Estatuto de los Trabajadores y en la legislación de función pública, siempre que estas funciones se ejerzan dentro de su marco legal y con los límites inherentes al mismo. Los empleadores habrán de informar con carácter previo, y de forma expresa, clara y concisa, a los trabajadores o los empleados públicos y, en su caso, a sus representantes, acerca de esta medida.

En el supuesto de que se haya captado la comisión flagrante de un acto ilícito por los trabajadores o los empleados públicos se entenderá cumplido el deber de informar cuando existiese al menos el dispositivo al que se refiere el artículo 22.4 de esta ley orgánica.

2. En ningún caso se admitirá la instalación de sistemas de grabación de sonidos ni de videovigilancia en lugares destinados al descanso o esparcimiento de los trabajadores o los empleados públicos, tales como vestuarios, aseos, comedores y análogos.

3. La utilización de sistemas similares a los referidos en los apartados anteriores para la grabación de sonidos en el lugar de trabajo se admitirá únicamente cuando resulten relevantes los riesgos para la seguridad de las instalaciones, bienes y personas derivados de la actividad que se desarrolle en el centro de trabajo y siempre respetando el principio de proporcionalidad, el de intervención mínima y las garantías previstas en los apartados anteriores. La supresión de los sonidos conservados por estos sistemas de grabación se realizará atendiendo a lo dispuesto en el apartado 3 del artículo 22 de esta ley».

Artículo 90. Derecho a la intimidad ante la utilización de sistemas de geolocalización en el ámbito laboral.

«1. Los empleadores podrán tratar los datos obtenidos a través de sistemas de geolocalización para el ejercicio de las funciones de control de los trabajadores o los empleados públicos previstas, respectivamente, en el artículo 20.3 del Estatuto de los Trabajadores y en la legislación de función pública, siempre que estas funciones se ejerzan dentro de su marco legal y con los límites inherentes al mismo.

2. Con carácter previo, los empleadores habrán de informar de forma expresa, clara e inequívoca a los trabajadores o los empleados públicos y, en su caso, a sus representantes, acerca de la existencia y características de estos dispositivos. Igualmente deberán informarles acerca del posible ejercicio de los derechos de acceso, rectificación, limitación del tratamiento y supresión».

Artículo 91. Derechos digitales en la negociación colectiva.

«Los convenios colectivos podrán establecer garantías adicionales de los derechos y libertades relacionados con el tratamiento de los datos personales de los trabajadores y la salvaguarda de derechos digitales en el ámbito laboral».

El citado marco normativo supone el reconocimiento del derecho a la desconexión digital en el marco del derecho a la intimidad en el uso de dispositivos digitales en el ámbito laboral, fijando el derecho a la desconexión digital como procedimiento que ha de garantizar a las personas trabajadoras el respeto a su tiempo de descanso, permisos y vacaciones, así como de su intimidad personal y familiar, más allá del tiempo de trabajo determinado legal o convencionalmente.

Además, contiene la obligación de establecer una política interna dirigida a las personas trabajadoras, sin exclusión del personal directivo y prevé que se preserve el derecho a la desconexión digital en los supuestos de realización total o parcial del trabajo a distancia, así como en el domicilio de la persona trabajadora vinculado al uso con fines laborales de herramientas tecnológicas. Esta política interna tendrá que contener acciones formativas y campañas de sensibilización sobre la utilización de las herramientas tecnológicas con el objetivo de evitar la fatiga informática.

La disposición final decimotercera de la Ley Orgánica de Protección de Datos añade un nuevo artículo 20 bis al Estatuto de los Trabajadores, con el siguiente literal:

Artículo 20 bis. Derechos de los trabajadores a la intimidad en relación con el entorno digital y a la desconexión.

«Los trabajadores tienen derecho a la intimidad en el uso de los dispositivos digitales puestos a su disposición por el empleador, a la desconexión digital y a la intimidad frente al uso de dispositivos de videovigilancia y geolocalización en los términos establecidos en la legislación vigente en materia de protección de datos personales y garantía de los derechos digitales».

Este artículo del Texto Estatutario reconoce, de forma muy amplia y genérica, el derecho a la intimidad en el uso de los dispositivos digitales de las personas trabajadoras, el derecho a la desconexión digital y el derecho a la intimidad frente al uso de dispositivos de videovigilancia y geolocalización, dejando un amplio margen de libertad a las partes para proceder a su regulación.

Para dar respuesta a la necesidad de establecer una clara delimitación entre el tiempo de trabajo y el tiempo de descanso del personal de [NOMBRE_EMPRESA], y la representación legal de los trabajadores/as, compuesta por [ESPECIFICAR] (1), se compromete a impulsar medidas para potenciar el tiempo de descanso una vez finalizada la jornada laboral, reconociendo el derecho a la desconexión digital como elemento fundamental para lograr una mejor ordenación del tiempo de trabajo en aras del respeto de la vida privada y familiar, mejorar la conciliación de la vida personal, familiar y laboral y contribuir a la optimización de la salud laboral del conjunto de las personas trabajadoras.

TERCERO.- Declaración de principios en materia de desconexión digital

En aras de dar cumplimiento a la normativa reguladora del derecho a la desconexión digital, y en consonancia con las previsiones fijadas en el [CONVENIO_COLECTIVO_APLICABLE] **(2)**, las presentes disposiciones tendrán por objeto el establecimiento de las medidas que tiendan a asegurar el respeto del tiempo de descanso y vacaciones de las personas trabajadoras, así como el respeto a su intimidad familiar y personal, fuere cual fuere la jornada ordinaria de trabajo. Todo ello en base a los siguientes Principios:

- El protocolo incluirá en su ámbito funcional a todas las personas trabajadoras, incluidas las que ocupen puestos directivos.
- La prohibición de conexión mediante medios digitales empresa-trabajador, como regla general, fuera de horario laboral supone un respeto absoluto al tiempo de descanso, permisos, vacaciones de la persona trabajadora, así como de su intimidad personal y familiar.
- Las modalidades de ejercicio de este derecho de desconexión digital siempre atendiendo a la naturaleza y objeto de la relación laboral **(2)** y potenciación del derecho a la conciliación de la actividad laboral y la vida personal y familiar.
- La Dirección de la empresa implementará una serie de acciones de formación y sensibilización del personal sobre el uso de los medios tecnológicos y la necesidad de ejercer este derecho a la desconexión digital, incluyendo esto en las políticas de prevención de riesgos laborales.
- Se delimitan taxativamente las causas que justifican la interrupción del descanso por «fuerza mayor».
- Corresponde a quienes tengan la responsabilidad sobre un equipo y/o superiores jerárquicos de los/as trabajadores/as, fomentar y educar mediante la práctica responsable de las tecnologías y con el propósito de dar cumplimiento al derecho a la desconexión digital.

[ESPECIFICAR]. **(3)**

CUARTO.- Medidas a adoptar

1. Se garantizará a las personas trabajadoras el derecho a la desconexión digital una vez finalizada la jornada laboral

Las personas trabajadoras de [NOMBRE_EMPRESA], incluido el personal directivo, tendrán derecho a no responder a ninguna comunicación, fuere cual fuere el medio utilizado (correo electrónico, *WhatsApp*, teléfono, etc.), una vez finalizada su jornada laboral, salvo que concurran las circunstancias señaladas como «fuerza mayor» en la medida quinta de este documento.

En este sentido, en caso de enviar una comunicación que pueda suponer respuesta fuera del horario establecido al efecto, el remitente asumirá expresamente que la respuesta podrá esperar a la jornada laboral siguiente.

2. Uso adecuado de los medios informáticos y tecnológicos puestos a disposición por la empresa

Con el fin de evitar en la medida de lo posible el empleo fuera de la jornada estipulada de los medios informáticos y tecnológicos puestos a disposición por la Empresa, quienes tengan la responsabilidad sobre un equipo de personas deben cumplir especialmente las políticas de desconexión digital, al ser una posición referente respecto a los equipos que coordinan. Con este fin:

[A MODO DE EJEMPLO:

1. Los medios informáticos puestos a disposición de las personas trabajadoras, son herramientas de trabajo propiedad de [NOMBRE_EMPRESA], tanto en relación con el hardware y con el software instalado como en relación con los contenidos, y como tales herramientas deberán ser considerados, estando destinados los mismos al uso estrictamente profesional en función de los cometidos laborales encomendados.

2. [NOMBRE_EMPRESA] podrá realizar los controles que estime oportunos sobre la utilización de tales medios puestos a su disposición, incluido el acceso a cualquier archivo que pudiera tenerla persona trabajadora en el ordenador, a lo cual ésta expresamente autoriza, dado que los contenidos se considerarán a todos los efectos como documentación de la empresa.

3. Las personas trabajadoras serán responsable del uso de su contraseña personal así como de la custodia de todos los documentos existentes en su ordenador, no pudiendo hacer uso de su contenido para fines distintos de los laborales, revelar o difundir su contenido ni obtener copias mediante cualquier procedimiento para utilizarlas fuera del ámbito de la empresa, salvo que tenga autorización expresa de la empresa para ello.

4. [NOMBRE_EMPRESA] prohíbe expresamente la instalación de cualquier programa o producto informático en el sistema de información sin la correspondiente autorización del responsable asignado, en este caso D./Dña. [NOMBRE_PERSONA_RESPONSABLE].

5. Se considera obligación de las personas trabajadoras cumplir la normativa vigente y lo dispuesto en el Documento de Seguridad, en relación a la protección de datos de carácter personal instaurado en [NOMBRE_EMPRESA].

6. En caso de cualquier incumplimiento de los puntos anteriores la persona trabajadora será sancionado/a conforme lo establecido en el art. [NÚMERO] del convenio colectivo [CONVENIO_COLECTIVO_APLICABLE] en función de la gravedad del mismo.

7. ...]. **(4)**

3. Convocatoria de reuniones de trabajo

Los/as trabajadores/as han de acudir a cuantas reuniones se convoquen dentro de su horario laboral, de forma presencial u on-line tanto organizativas como con clientes. A efectos de garantizar el derecho a la desconexión digital en relación con la efectiva conciliación de la vida personal, familiar y laboral, la convocatoria de reuniones de trabajo ha de ajustarse a los siguientes parámetros:

[A MODO DE EJEMPLO:

1. Se convocarán en la franja horaria [ESPECIFICAR]. **(5)**

2. La convocatoria incluirá el tiempo aproximado de duración y, preferiblemente, no se extenderán hasta más tarde de [ESPECIFICAR]. **(5)**

3. La convocatoria se realizará, preferiblemente, con una alteración de [ESPECIFICAR].

4. Con carácter excepcional, y siempre que concurran las circunstancias establecidas en la medida quinta, las reuniones se convocarán [ESPECIFICAR].

5. ...].

QUINTO.- Circunstancias de causa de fuerza mayor

Se excluye la aplicación del derecho a desconexión digital en los casos en que concurran circunstancias de causa de fuerza mayor o que supongan un grave, inminente o evidente perjuicio empresarial o del negocio, cuya urgencia temporal necesita indubitadamente de una respuesta inmediata. En concreto se considerará fuerza mayor:

[A MODO DE EJEMPLO:
1. Cuando surjan circunstancias excepcionales que así lo aconsejen.
2. [ESPECIFICAR]. (6)
3. [ESPECIFICAR].]

SEXTO.- Exclusión

Se excluye la aplicación del derecho a desconexión digital, durante los períodos de localización, a aquellas personas trabajadoras que permanezcan a disposición de [NOMBRE_EMPRESA] y perciban por ello un complemento de disponibilidad u otro de naturaleza análoga. (7)

SÉPTIMO.- Instrucciones concretas para los periodos de tiempos de descanso, permisos, licencias o vacaciones

[NOMBRE_EMPRESA], reconoce explícitamente el derecho de todas las personas trabajadoras de la empresa, incluido el personal directivo, a no responder emails, llamadas y/o mensajes profesionales fuera de su jornada laboral, ni durante los tiempos de descanso, permisos, licencias o vacaciones. Para ello, durante estos periodos cada trabajador/a:

[A MODO DE EJEMPLO:
1. Podrá desconectarse de la red cuando no esté en jornada laboral.
2. Podrá no conectarse a las redes sociales utilizadas por la empresa como canales de comunicación interna.
3. En ningún caso, será una obligación para el trabajador/a la creación de perfiles particulares en redes.
4. Se configurará el correo electrónico para dar una respuesta automática indicando la situación de la persona trabajadora, el periodo de ausencia, y otra persona de contacto.
5. [ESPECIFICAR].]

OCTAVO.- Vigencia

El presente protocolo entrará en vigor con fecha de [FECHA], y tendrá una duración indefinida, salvo que las partes, la normativa, o las labores de seguimiento y evaluación planteen la necesidad de cambios.

NOVENO.- Seguimiento y evaluación del protocolo

Se creará una comisión paritaria que deberá efectuar el seguimiento del presente protocolo compuesta por un máximo de [NÚMERO] miembros por cada una de las partes. Al efecto, realizará las siguientes funciones:

[A MODO DE EJEMPLO:
1. Evaluar por cada departamento si la actividad es compatible con esta nueva forma de trabajar y con impacto positivo en el negocio.
2. Garantizar un seguimiento adecuado de las medidas adoptadas en este protocolo con objeto de asegurar su cumplimiento.
3. Se auditará con carácter anual por parte de [ÓRGANO] los siguientes aspectos: [ESPECIFICAR].
4. ...].

DÉCIMO.- Acciones de implantación, comunicación, sensibilización y formación

[NOMBRE_EMPRESA] implementará las medidas de sensibilización y formación sobre las que se ampara el derecho a la desconexión digital.

[A MODO DE EJEMPLO:

1. Se informará y/o formará a las personas trabajadoras sobre la necesaria protección del derecho a desconexión digital, teniendo en cuenta las circunstancias, tanto laborales como personales de todas las personas trabajadoras.

2. Se pondrá a disposición de las personas trabajadoras, toda la información y/o formación que precisen para la comprensión y posterior aplicación de las mencionadas medidas protectoras del derecho a la desconexión digital.

3. Corresponderá a quienes tengan la responsabilidad sobre un equipo y/o superiores jerárquicos de las personas trabajadoras, fomentar y educar mediante la práctica responsable de las tecnologías y con el propósito de dar cumplimiento al derecho a la desconexión digital.

4. ...].

UNDÉCIMO.- Canal de denuncias

[NOMBRE_EMPRESA] garantiza la protección frente a represalias como medio de salvaguardar la libertad de expresión a las personas que comuniquen información sobre actos u omisiones relacionados con el derecho a desconexión digital en la organización.

En caso de vulneración de su derecho a la desconexión, la persona trabajadora podrá alertar de la situación al responsable jerárquico, el responsable de recursos humanos, representantes del personal, etc.; del mismo modo, [NOMBRE_EMPRESA] habilita los siguientes canales de denuncia interna:

[A MODO DE EJEMPLO:
1. Correo electrónico: [CORREO].
2. Opción [ESPECIFICAR], dentro del portal del empleado.
3. ...]

DUODÉCIMO.- Protección de datos

Todos los datos personales necesarios para garantizar el derecho a desconexión digital o facilitados por las personas trabajadoras mediante el canal de denuncias establecido serán incorporados a un fichero responsabilidad [NOMBRE_EMPRESA], con domicilio [DIRECCIÓN], con la finalidad de gestionar su comunicación, realizar la investigación de los hechos denunciados, adoptar las medidas correctivas pertinentes, y en caso de ser necesario, informarle sobre el resultado del procedimiento.

Los datos personales serán tratados de forma confidencial y no serán comunicados a ningún tercero, salvo que resultasen imprescindibles para la investigación de los hechos denunciados.

La base jurídica que legitima este tratamiento es la necesidad para el ejercicio de una misión de interés público, como es la prevención de infracciones penales y de la responsabilidad penal de [NOMBRE_EMPRESA].

Los datos serán tratados con las finalidades indicadas durante el plazo necesario para su investigación conforme a lo establecido en la normativa vigente.

En todo momento podrá ejercer sus derechos de acceso, rectificación, supresión, oposición, limitación y portabilidad con respecto a los datos personales que haya facilitado, a través de correo postal a la dirección indicada, aportando copia de su DNI o documento equivalente, e identificándose como usuario del formulario de canal de denuncias.

En caso de considerar vulnerado su derecho a la protección de datos, podrá interponer una reclamación ante la Agencia Española de Protección de Datos (www.aepd.es) o ante el delegado de protección de datos de [EMPRESA] ([CORREO]).

Ambas partes, ratificando el contenido del presente documento, lo firman por duplicado y a un solo efecto en lugar y fecha arriba indicados.

[SELLO_Y_FIRMA]

La empresa.

[FIRMA]

Representación de las personas trabajadoras.

---

(1) Especificar parte negociadora en representación de las personas trabajadoras.

(2) Téngase en cuenta la necesidad de respetar los acuerdos que mediante negociación colectiva estén establecidos o se establezcan.

(3) Será necesario tener en cuenta el sector y la actividad a desarrollar.

(4) De considerarse necesario regular el uso de internet, correo electrónico, aplicaciones, etc.

(5) Téngase en cuenta la finalización de la jornada ordinaria de trabajo.

(6) Téngase en cuenta las posibles urgencias que puedan surgir en relación con la actividad o categorías profesionales sujetas a periodos de puesta a disposición fuera de horario laboral.

(7) Según la STSJ de Madrid, n.º 453/2023, de 17 de julio de 2023, ECLI:ES:TSJM:2023:8990, el plus de disponibilidad retribuye, «(...) no sólo la ampliación de jornada sino que esta empiece o finalice fuera de lo programado inicialmente siempre y cuando se respete el contenido del artículo 17 c) del Convenio de aplicación» (...) «Si la empresa está facultada a poder llamar a los trabajadores para llevar a cabo cambios de jornada las doce horas previas a tener que realizar un servicio esto implica que en ocasiones tendrá que hacerlo en los tiempos de descanso y si el trabajador cobra Disponibilidad deberá estar disponible. Cuestión diferente es que el trabajador opte por la no disponibilidad».

Solicitud por parte del trabajador a la empresa del reconocimiento del derecho a la desconexión digital por escrito

El art. 20 bis de la Ley del Estatuto de los Trabajadores, en relación a los derechos de los trabajadores a la intimidad en relación con el entorno digital y a la desconexión, establece:

«Los trabajadores tienen derecho a la intimidad en el uso de los dispositivos digitales puestos a su disposición por el empleador, a la desconexión digital y a la intimidad frente al uso de dispositivos de videovigilancia y geolocalización en los términos establecidos en la legislación vigente en materia de protección de datos personales y garantía de los derechos digitales».

La LOPDGDD fija el derecho de los trabajadores a la desconexión digital en el ámbito laboral en los siguientes términos:

«1. Los trabajadores y los empleados públicos tendrán derecho a la desconexión digital a fin de garantizar, fuera del tiempo de trabajo legal o convencionalmente establecido, el respeto de su tiempo de descanso, permisos y vacaciones, así como de su intimidad personal y familiar.

2. Las modalidades de ejercicio de este derecho atenderán a la naturaleza y objeto de la relación laboral, potenciarán el derecho a la conciliación de la actividad laboral y la vida personal y familiar y se sujetarán a lo establecido en la negociación colectiva o, en su defecto, a lo acordado entre la empresa y los representantes de los trabajadores.

3. El empleador, previa audiencia de los representantes de los trabajadores, elaborará una política interna dirigida a trabajadores, incluidos los que ocupen puestos directivos, en la que definirán las modalidades de ejercicio del derecho a la desconexión y las acciones de formación y de sensibilización del personal sobre un uso razonable de las herramientas tecnológicas que evite el riesgo de fatiga informática. En particular, se preservará el derecho a la desconexión digital en los supuestos de realización total o parcial del trabajo a distancia así como en el domicilio del empleado vinculado al uso con fines laborales de herramientas tecnológicas».

Modelo por el que el trabajador solicita a la empresa por escrito el reconocimiento del derecho a apagar o no atender llamadas o mensajes profesionales fuera de horario y tiempo de trabajo.

En [LOCALIDAD], a [DÍA] de [MES] de [AÑO]

A LA ATT. DEL DEPARTAMENTO DE RECURSOS HUMANOS DE LA EMPRESA [NOMBRE_EMPRESA].

D./D.ª [NOMBRE_TRABAJADOR_A], con DNI [DNI], e-mail [CORREO_ELECTRÓNICO] y trabajador/a de esta empresa desde el [DÍA] de [MES] de [AÑO], al amparo de lo que previsto en el art. [NÚM_ARTÍCULO] del convenio colectivo [CONVENIO_APLICABLE] (1), art. 20 bis al texto Refundido de la Ley del Estatuto de los Trabajadores y arts. 87, 88, 90 y 91 Ley Orgánica 3/2018, de 5 de diciembre, de Protección de Datos Personales y garantía de los derechos digitales y ante [DESCRIPCIÓN]. (2)

SOLICITA:

Dentro del derecho a la desconexión digital una vez finalizada la jornada laboral a efectos del respeto a mi tiempo de descanso, permisos, vacaciones, así como a mi intimidad personal y familiar, **el reconocimiento por escrito de la facultad de desconexión de los dispositivos digitales, no respondiendo e-mails, mensajes o llamadas profesionales fuera del horario y tiempo de trabajo. (3)**

Sin otro particular que comunicarle, y a la espera de su respuesta por escrito, le saluda,

Atentamente,

[FIRMA]

Fdo: D./D.ª [NOMBRE_PERSONA_TRABAJADORA]

Recibí:

[SELLO_FIRMA_EMPRESA]

La empresa.

---

(1) Las modalidades de ejercicio de este derecho «potenciarán el derecho a la conciliación de la actividad laboral y la vida personal y familiar» y se sujetarán a lo establecido en la negociación colectiva o, en su defecto, a lo acordado entre la empresa y los representantes de los trabajadores.

(2) Especificar casos por los que se solicita el reconocimiento del derecho a la desconexión digital por escrito. A modo de ejemplo: «continuas llamadas de clientes fuera de horario laboral»; «recepción de e-mails de carácter profesional durante el periodo de vacaciones»; «continuas llamadas de mi superior directo en relación a (...)», etc.

(3) El derecho a la desconexión digital en el ámbito laboral se plasma en el art. 20 bis de la Ley del Estatuto de los Trabajadores y el art. 88 de la LOPDGDD. STSJ de Madrid n.º 75/2023, de 28 septiembre de 2023, ECLI:ES:TSJM:2023:10259.

Formulario de acuerdo empresa - trabajador para el reconocimiento del derecho a la desconexión digital de teletrabajador

Además de la normativa existente del derecho a desconexión digital, reflejada en la LOPDGDD y RGPD, el art. 18 de la Ley 10/2021, de 9 de julio, de trabajo a distancia (ex art. 18 del RD-Ley 28/2020) regula:

«1. Las personas que trabajan a distancia, particularmente en teletrabajo, tienen derecho a la desconexión digital fuera de su horario de trabajo en los términos establecidos en el artículo 88 de la Ley Orgánica 3/2018, de 5 de diciembre.

El deber empresarial de garantizar la desconexión conlleva una limitación del uso de los medios tecnológicos de comunicación empresarial y de trabajo durante los periodos de descanso, así como el respeto a la duración máxima de la jornada y a cualesquiera límites y precauciones en materia de jornada que dispongan la normativa legal o convencional aplicables.

2. La empresa, previa audiencia de la representación legal de las personas trabajadoras, elaborará una política interna dirigida a personas trabajadoras, incluidas los que ocupen puestos directivos, en la que definirán las modalidades de ejercicio del derecho a la desconexión y las acciones de formación y de sensibilización del personal sobre un uso razonable de las herramientas tecnológicas que evite el riesgo de fatiga informática. En particular, se preservará el derecho a la desconexión digital en los supuestos de realización total o parcial del trabajo a distancia, así como en el domicilio de la persona empleada vinculado al uso con fines laborales de herramientas tecnológicas.

Los convenios o acuerdos colectivos de trabajo podrán establecer los medios y medidas adecuadas para garantizar el ejercicio efectivo del derecho a la desconexión en el trabajo a distancia y la organización adecuada de la jornada de forma que sea compatible con la garantía de tiempos de descanso».

En [CIUDAD], a [DÍA] de [MES] de [AÑO].

REUNIDOS

De una parte D./D.ª [NOMBRE_REPRESENTANTE], con DNI [DNI], en nombre y representación de la empresa [NOMBRE_EMPRESA] con NIF [NIF], código cuenta de cotización [NÚMERO], actividad de [ACTIVIDAD_EMPRESA], con domicilio social en [DOMICILIO_SOCIAL], c/ [CALLE].

De otra D./D.ª [NOMBRE_PERSONA_TRABAJADORA], con DNI [DNI], con domicilio en [DOMICILIO_SOCIAL], c/ [CALLE] con plena capacidad de obrar, que actúa en nombre propio.

MANIFIESTAN

I. Que el/la trabajador/a D./D.ª [NOMBRE_PERSONA_TRABAJADORA] viene prestando servicios para la empresa [NOMBRE_EMPRESA], con el grupo profesional de [GRUPO_PROFESIONAL] realizando [ESPECIFICAR ACTIVIDAD], en horario de [ESPECIFICAR], en la modalidad de teletrabajo.

II. Que para el correcto desempeño de su actividad laboral [NOMBRE_EMPRESA] ha puesto a disposición del/la trabajador/a las siguientes herramientas tecnológicas [ESPECIFICAR] (1), junto un vehículo, propiedad de la mercantil, para realizar sus desplazamientos con motivo de las funciones que desarrolla.

III. Que reconociéndose mutua capacidad de obrar, es interés de ambas partes concretar, en paralelo al contrato laboral firmado el [FECHA], el derecho a la desconexión digital una vez finalizada la jornada laboral, en cumplimiento de la vigente normativa sobre Protección de Datos Personales y garantía de los derechos digitales y Ley 10/2021, de 9 de julio, de trabajo a distancia.

IV. Que para garantizar un uso adecuado de las herramientas de trabajo facilitadas por [NOMBRE_EMPRESA], entre ellas, los sistemas y equipos informáticos y medios tecnológicos puestos a disposición del/la trabajador/a, así como para lograr el respecto de la duración máxima de la jornada u otros límites y precauciones de la misma se establecen las siguientes:

CLÁUSULAS

PRIMERA. [NOMBRE_EMPRESA] reconoce el derecho del/la trabajador/a de no responder a los emails, mensajes y llamadas profesionales fuera del horario y días de trabajo concertado, y que, en su caso concreto se limita a los días laborales en horario de [HORA] hs. - [HORA] hs. de [DÍA] a [DÍA], salvo causa de fuerza mayor.

Este derecho se extiende al periodo vacacional previamente consensuado con la empresa.

SEGUNDA. D./Dña. [NOMBRE_TRABAJADOR_A] deberá hacer un uso adecuado y responsable de las herramientas puestas a su disposición, teniendo en cuenta que los sistemas y equipos informáticos puestos a disposición son de uso profesional. (2)

TERCERA. [NOMBRE_EMPRESA] podrá realizar excepcionalmente, cuando existan indicios de uso ilícito o abusivo por parte de un/una trabajador/a, las comprobaciones oportunas y necesarias (entre ellas, controles periódicos o realización de auditorías), en la medida de lo posible en presencia del usuario afectado y contando con un representante legal de los trabajadores. (3)

Para garantizar la debida comunicación a los empleados/as que tienen a su disposición medios informáticos, así como el conocimiento de la medida de control adoptada, el/la trabajador/a firmará en paralelo al presente un modelo de política de uso de equipos, internet y correo electrónico en el seno de la empresa. (4)

CUARTA. Para el desarrollo de su actividad laboral se ha puesto a disposición del/la trabajador/a el vehículo propiedad de la Empresa [MODELO Y MATRÍCULA], en donde ha sido instalado un dispositivo de posicionamiento global o GPS, al amparo del poder de organización, dirección y control otorgado legalmente a la sociedad en base a los artículos 20 apartado 3 del Estatuto de los Trabajadores, 88 del Reglamento General Europeo 2016/19679 y 90 de la LOPDGDD (LO 3/2018), con la única finalidad de controlar la situación del vehículo, así como las rutas realizadas, exclusivamente durante la jornada laboral pactada.

A estos efectos, la Empresa se reserva el derecho de controlar a través de dicho GPS que el vehículo esté siendo correctamente utilizado y en un horario adecuado a la jornada laboral y que por tanto el empleado cumple con sus obligaciones laborales.

Para garantizar la debida comunicación a los empleados/as que tienen a su disposición dichos vehículos, así como el conocimiento de la medida de control adoptada, el/la trabajador/a firmará en paralelo al presente acuerdo una autorización de geolocalización de vehículo a través de GPS. (5)

QUINTA. En lo no regulado expresamente en el presente acuerdo se aplicará la regulación fijada en el Reglamento (UE) 2016/679 del Parlamento Europeo y del Consejo, de 27 de abril de 2016, relativo a la protección de las personas físicas en lo que respecta al tratamiento de sus datos personales y a la libre circulación de estos datos y por el que se deroga la Directiva 95/46/CE (Reglamento general de protección de datos), así como Ley Orgánica 3/2018, de 5 de diciembre, de Protección de Datos Personales y garantía de los derechos digitales, con especial atención a lo dispuesto en los artículos 87, 88, 90 y 91.

SEXTA. Este acuerdo tiene su fundamentación jurídica, además de en las normas citadas, en la Ley 10/2021, de 9 de julio, de trabajo a distancia, que regula en su artículo 18 el derecho a desconexión digital. **(6)**

Ambas partes, ratificando el contenido del presente documento, lo firman por duplicado y a un solo efecto en lugar y fecha arriba indicados.

[SELLO_Y_FIRMA]

La empresa.

[FIRMA]

D./D.ª [NOMBRE_PERSONA_TRABAJADORA].

---

(1) Especificar: teléfono, ordenador, correo electrónico, etc.

(2) De querer posibilitar el uso personal limitado: «no obstante, la utilización excepcional de las citadas herramientas para fines personales de carácter necesario y perentorio no supondrá incumplimiento laboral».

(3) En caso de existir acuerdo con la representación de los trabajadores o especificaciones en el convenio colectivo especificar: «Los sistemas de control utilizados por [NOMBRE_EMPRESA], en la medida de lo posible, deberán ser acordados con la parte social y en todo caso ser conocidos previamente por ésta». / «Los sistemas de control utilizados por [NOMBRE_EMPRESA], se realizarán siguiendo lo establecido en el art. [NÚMERO] del [CONVENIO_COLECTIVO_APLICABLE]».

(4) Consultar Modelo de política de uso de equipos, internet y correo electrónico en el seno de la empresa (Adaptado LOPD-GDD y RGPD).

(5) Modelo de autorización de geolocalización de vehículo comercial a través de GPS (adaptado LOPD-GDD y RGPD).

(6) El artículo 18 de la Ley 10/2021, de 9 de julio, regula:

«1. Las personas que trabajan a distancia, particularmente en teletrabajo, tienen derecho a la desconexión digital fuera de su horario de trabajo en los términos establecidos en el artículo 88 de la Ley Orgánica 3/2018, de 5 de diciembre.

El deber empresarial de garantizar la desconexión conlleva una limitación del uso de los medios tecnológicos de comunicación empresarial y de trabajo durante los periodos de descanso, así como el respeto a la duración máxima de la jornada y a cualesquiera límites y precauciones en materia de jornada que dispongan la normativa legal o convencional aplicables.

2. La empresa, previa audiencia de la representación legal de las personas trabajadoras, elaborará una política interna dirigida a personas trabajadoras, incluidas los que ocupen puestos directivos, en la que definirán las modalidades de ejercicio del derecho a la desconexión y las acciones de formación y de sensibilización del personal sobre un uso razonable de las herramientas tecnológicas que evite el riesgo de fatiga informática. En particular, se preservará el derecho a la desconexión digital en los supuestos de realización total o parcial del trabajo a distancia, así como en el domicilio de la persona empleada vinculado al uso con fines laborales de herramientas tecnológicas.

Los convenios o acuerdos colectivos de trabajo podrán establecer los medios y medidas adecuadas para garantizar el ejercicio efectivo del derecho a la desconexión en el trabajo a distancia y la organización adecuada de la jornada de forma que sea compatible con la garantía de tiempos de descanso».

Acuerdo de trabajo a distancia o teletrabajo

El acuerdo sobre trabajo a distancia (ATD) tiene un doble objetivo. Por un lado, garantizar que la Ley 10/2021, de 9 de julio (LTD), no pueda instrumentalizarse para mermar derechos reconocidos a las personas trabajadoras que prestasen servicios a distancia con anterioridad a su entrada en vigor. Por otro, cubrir los posibles vacíos regulatorios respecto de las relaciones laborales que ya se prestasen conforme a dicha modalidad con carácter previo o vía convenio colectivo.

El capítulo II de la LTD regula el acuerdo de trabajo a distancia, las obligaciones formales vinculadas al mismo, subrayando su **carácter voluntario** para ambas partes, la adopción expresa de un acuerdo **escrito** con un **contenido mínimo**, ya de manera inicial o ya sobrevenida, la no afectación al estatus laboral de la persona trabajadora, el ejercicio de la **reversibilidad**, el carácter acordado de las modificaciones del acuerdo y la ordenación de las **prioridades de acceso**, así como la **remisión a la negociación colectiva en el procedimiento y criterios que deben de seguirse**, debiéndose evitar la perpetuación de roles de género y fomentando la corresponsabilidad entre mujeres y hombres.

Sin perjuicio de la regulación recogida al respecto en los convenios o acuerdos colectivos, será contenido mínimo obligatorio del acuerdo de trabajo a distancia, (art. 7 de la LTD):

- Inventario de los medios, equipos y herramientas que exige el desarrollo del trabajo a distancia concertado, incluidos los consumibles y los elementos muebles, así como de la vida útil o periodo máximo para la renovación de estos.
- Enumeración de los gastos que pudiera tener la persona trabajadora por el hecho de prestar servicios a distancia, así como forma de cuantificación de la compensación que obligatoriamente debe abonar la empresa y momento y forma para realizar la misma, que se corresponderá, de existir, con la previsión recogida en el convenio o acuerdo colectivo de aplicación.
- Horario de trabajo de la persona trabajadora y dentro de él, en su caso, reglas de disponibilidad.
- Porcentaje y distribución entre trabajo presencial y trabajo a distancia, en su caso.
- Centro de trabajo de la empresa al que queda adscrita la persona trabajadora a distancia y donde, en su caso, desarrollará la parte de la jornada de trabajo presencial.
- Lugar de trabajo a distancia elegido por la persona trabajadora para el desarrollo del trabajo a distancia.
- Duración de plazos de preaviso para el ejercicio de las situaciones de reversibilidad, en su caso.
- Medios de control empresarial de la actividad.
- Procedimiento a seguir en el caso de producirse dificultades técnicas que impidan el normal desarrollo del trabajo a distancia.
- Instrucciones dictadas por la empresa, con la participación de la representación legal de las personas trabajadoras, en materia de protección de datos, específicamente aplicables en el trabajo a distancia.
- Instrucciones dictadas por la empresa, previa información a la representación legal de las personas trabajadoras, sobre seguridad de la información, específicamente aplicables en el trabajo a distancia.
- Duración del acuerdo de trabajo a distancia.

En [CIUDAD], a [DÍA] de [MES] de [AÑO].

REUNIDOS

De una parte D./D.ª [NOMBRE], con DNI [DNI] en su condición de [ADMINIS-TRADOR/A], en nombre y representación de la empresa [NOMBRE_EMPRESA] con NIF [NIF], código cuenta de cotización [NÚMERO], actividad de [ACTIVIDAD_EMPRESA], con domicilio social en [DOMICILIO_SOCIAL], c/ [CALLE], en adelante EL EMPLEADOR.

De otra D./D.ª [NOMBRE_PERSONA TRABAJADORA], con DNI [DNI], con domicilio en [DOMICILIO_SOCIAL], c/ [CALLE] con plena capacidad de obrar, que actúa en nombre propio, en adelante LA PERSONA TRABAJADORA.

MANIFIESTAN

I.- Que, LA PERSONA TRABAJADORA, D./D.ª [NOMBRE_PERSONA TRABAJADORA] viene prestando sus servicios para la empresa [NOMBRE_EMPRESA], con el grupo profesional de [GRUPO_PROFESIONAL] realizando [ESPECIFICAR_ACTIVIDAD], con una antigüedad reconocida desde [INDICAR], sujeta a un horario laboral presencial en las oficinas de la mercantil sitas en [CENTRO_DE_TRABAJO] de [HORARIO]. [En caso de tratarse de una formalización al inicio de la relación laboral consignar]

II.- Que, LA PERSONA TRABAJADORA, D./D.ª [NOMBRE_PERSONA TRABAJADORA], prestará sus servicios para la empresa (NOMBRE_EMPRESA), con el grupo profesional de (GRUPO_PROFESIONAL) realizando [ESPECIFICAR_ACTIVIDAD], sujeta a un horario laboral presencial en las oficinas de la mercantil sitas en (CENTRO_DE_TRABAJO) de (HORARIO) desde el (FECHA)].

III.- EL EMPLEADOR y LA PERSONA TRABAJADORA han convenido de manera voluntaria firmar el presente «Acuerdo de Trabajo a distancia», por el cual LA PERSONA TRABAJADORA, manifiesta que de manera voluntaria ha accedido a practicar esta modalidad laboral, y pasará a ostentar la calidad de trabajador a distancia, conservando las mismas garantías y derechos establecidos previamente. (1)

Que reconociéndose mutua capacidad de obrar, es interés de ambas partes concertar el presente Acuerdo, al amparo de lo establecido en los artículos 13 y 34.8 del Real Decreto Legislativo 2/2015, de 23 de octubre, por el que se aprueba el texto refundido de la Ley del Estatuto de los Trabajadores, el artículo [NÚM_ARTÍCULO], del convenio colectivo de [CONVENIO_COLECTIVO_APLICABLE] (2), y, la Ley 10/2021, de 9 de julio, de trabajo a distancia, que se regirá por las siguientes:

CLÁUSULAS

PRIMERA. LA PERSONA TRABAJADORA desarrollará la parte de su actividad laboral a distancia en [INDICAR_LUGAR] (3), de tal forma que un [PORCENTAJE] % (4) de su jornada será a distancia y el resto de la jornada será presencial en las oficinas de la empresa en el centro de trabajo [CENTRO_DE_TRABAJO]. (5)

– El horario, durante el trabajo a distancia, será de [HORARIO], los días [INDICAR_DÍAS_SEMANA_TRABAJO A DISTANCIA]. (6)

– El horario, en el citado centro de trabajo, al que la persona trabajadora está adscrita, será de [HORARIO], los días [INDICAR_DÍAS _SEMANA_TRABAJO _PRESENCIAL].

Con independencia de lo anterior, las partes acuerdan las siguientes **medidas de flexibilidad laboral y reglas de disponibilidad**:

– [DESCRIPCIÓN].

    – [DESCRIPCIÓN].

    – [DESCRIPCIÓN].

SEGUNDA. El acuerdo surtirá efectos desde [FECHA], teniendo una duración de [PLAZO]. **(7)**

No obstante, ambas partes acuerdan expresamente que el trabajo a distancia es reversible para cualquiera de ellas en los términos establecidos en el art. [NÚMERO] del [CONVENIO_COLECTIVO_APLICABLE].

TERCERA. El salario a percibir será [CANTIDAD], fijado en atención a las siguientes circunstancias [ESPECIFICAR].

CUARTA. El empresario entregará con la periodicidad de [PLAZO] los medios precisos para que el/la trabajador/a ejecute el trabajo contratado. En concreto:

    – [ESPECIFICAR]. **(8)**

La entrega de los medios precisos para la ejecución del trabajo quedará registrada mediante:

    – [ESPECIFICAR].

QUINTA. LA PERSONA TRABAJADORA tendrá el mismo acceso a la formación y a las oportunidades de desarrollo de la carrera profesional que los trabajadores comparables que trabajan en los locales de la empresa y están sujetos a las mismas políticas de evaluación que el resto de trabajadores.

SEXTA. EL EMPLEADOR es responsable de la protección de la salud y de la seguridad profesional del teletrabajador conforme al art. 15 de la Ley 10/2021, de 9 de julio, de trabajo a distancia. **(9)**

SÉPTIMA. El trabajador a distancia podrá ejercer los derechos de representación colectiva conforme a lo previsto en el Estatuto de los Trabajadores, quedando adscrito a estos efectos al centro de trabajo [PROVINCIA]. **(10)**

OCTAVA. La empresa deberá entregar a la representación legal de las personas trabajadoras una copia de este acuerdo de trabajo a distancia y de sus actualizaciones, en un plazo no superior a diez días desde su formalización. **(11)**

NOVENA. Que ambas partes respetarán las exigencias establecidas en la legislación vigente en materia de protección de datos personales, según el Reglamento general europeo de protección de datos (RGPD) y la Ley Orgánica 3/2018, de 5 de diciembre, de Protección de Datos Personales y garantía de los derechos digitales (LOPDGDD). **(12)**

DÉCIMA. En lo no estipulado expresamente se estará al Real Decreto Legislativo 2/2015, de 23 de octubre, por el que se aprueba el texto refundido de la Ley del Estatuto de los Trabajadores, Ley 10/2021, de 9 de julio, de trabajo a distancia y el convenio colectivo [CONVENIO_COLECTIVO_APLICABLE].

CLÁUSULAS ADICIONALES

PRIMERA. Lugar de trabajo

Para efectos del presente acuerdo, el trabajador desempeñará las funciones propias de su puesto de trabajo, bajo la modalidad de teletrabajo, en [LUGAR]. En dicho lugar el trabajador realizará su trabajo [NÚMERO] días por semana, y trabajará [NÚMERO] días en la empresa.

Si el trabajador tuviera intención de cambiar el lugar donde desempeña su trabajo, deberá comunicarlo a la EMPRESA de forma escrita y con una antelación mínima de [NÚMERO]. En este caso, la compañía se reserva el derecho de evaluar y reconsiderar si la nueva ubicación del trabajador reúne las condiciones suficientes de idoneidad para seguir desarrollando sus tareas en la modalidad de teletrabajo.

SEGUNDA. Espacio de trabajo

LA PERSONA TRABAJADORA deberá realizar sus actividades laborales en el espacio acordado previamente por LA PERSONA TRABAJADORA y la EMPRESA, no podrá de ser en otros lugares que no cumplan con las condiciones de seguridad e higiene adecuadas.

TERCERA. Derechos de la persona trabajadora

LA PERSONA TRABAJADORA tendrá derecho a disfrutar de los derechos que venía, descansos, vacaciones, afiliación al sistema de seguridad social integral, como el resto de los empleados de la compañía que desempeñen sus tareas mediante presencia física en LA EMPRESA. Asimismo, el trabajador tendrá las mismas obligaciones laborales que los demás empleados.

En especial, EL EMPLEADOR, reconoce los Derechos de las personas trabajadoras a distancia, fijados en el Capítulo III de la Ley 10/2021, de 9 de julio, de trabajo a distancia.

CUARTA. Dotación de medios y compensación de gastos

Dando cumplimiento a lo dispuesto en los artículos 11 y 12 de la Ley 10/2021, de 9 de julio, de trabajo a distancia las personas que teletrabajen tendrán derecho a la dotación por parte de la empresa de los siguientes medios, equipos y herramientas, siempre que sean necesarios para el desarrollo de la actividad profesional:

[A MODO DE EJEMPLO:
Ordenador, Tablet, SmartPc o similar.
Teléfono móvil con línea y datos necesarios y suficientes para la conexión (wifi).
A petición de la persona trabajadora: silla ergonómica homologada, reposapiés, etc.
Etc.].

Adicionalmente, y a opción de la empresa, podrá facilitar directamente o bien compensar por una cantidad máxima a tanto alzado de hasta [CANTIDAD] Euros, los siguiente medios y herramientas (13):

[A MODO DE EJEMPLO:
Teclado.
Ratón.
Pantalla.
Etc.].

El empleador proporcionará, instalará y mantendrá en buen estado los equipos informáticos necesarios para el correcto desempeño de las funciones **LA PERSONA TRABAJADORA**. El teletrabajador tiene la obligación de cuidado de los equipos suministrados, y el uso adecuado y responsable del correo electrónico corporativo y no podrá recolectar o distribuir material ilegal a través de internet, ni darle ningún otro uso que no sea determinado por el contrato de trabajo. **LA PERSONA TRABAJADORA** se compromete a cuidar los elementos de trabajo, así como las herramientas que la empresa ponga a su disposición y a utilizarlas exclusivamente con los fines laborales que previamente se hayan fijado.

La empresa no será responsable de posibles daños que puedan suceder a personas o cosas a causa de un posible uso incorrecto de los instrumentos.

En el caso de producirse la pérdida o sustracción o fallo de funcionamiento de los equipos por negligencia de la persona trabajadora, se descontará el importe de los equipos correspondientes de la nómina del trabajador o bien la parte proporcional del valor residual que corresponda.

Finalizado la modalidad de teletrabajo, el Teletrabajador debe reintegrar los equipos informáticos que se le haya asignado.

QUINTA. Costes adicionales

Como consecuencia del trabajo a distancia, EL EMPLEADOR reconoce que la persona trabajadora va a tener los siguientes gastos:

– [DESCRIPCIÓN]. **(14)**

– [DESCRIPCIÓN].

– [DESCRIPCIÓN].

– [DESCRIPCIÓN].

Se reconoce al teletrabajador el valor de [CANTIDAD] euros como compensación de dichos gastos, que, en ningún caso, formarán parte del salario.

La compensación fijada se abonará [ESPECIFICAR].

SEXTA. Control y supervisión

El EMPLEADOR controlará y supervisará la actividad de LA PERSONA TRABAJADORA mediante medios telemáticos, informáticos y electrónicos **(15)**.

Si por motivos de trabajo fuese necesaria la presencia física de representantes de la compañía en el lugar de trabajo de LA PERSONA TRABAJADORA y este fuera su propio domicilio, se hará siempre previa notificación y consentimiento de éste.

LA PERSONA TRABAJADORA consiente libremente realizar reuniones a través de videoconferencias con el empleador y que en ningún caso se entiende como violación del domicilio privado.

Tecnologías que se utilizarán para mantener el contacto con el Teletrabajador:

– [DESCRIPCIÓN].

Objetivos/ Metas a cumplir por parte del Teletrabajador semanal/mensual.

– [DESCRIPCIÓN].

Disponibilidad Horas:

– [DESCRIPCIÓN].

Medio de comunicación:

– [DESCRIPCIÓN].

Supervisor:

– [DESCRIPCIÓN].

Del mismo modo, en cumplimiento del mandato legal del art. 39.4 del ET, El EMPLEADOR fija sistema específico para el control del horario de la persona trabajadora, cuyas instrucciones y funcionamiento se detallan en el Anexo núm. [NÚMERO]. **(16)**

SÉPTIMA. Medidas de seguridad y prevención de riesgos en el teletrabajo

LA PERSONA TRABAJADORA a distancia tiene derecho a una adecuada protección en materia de seguridad y salud en el trabajo, de conformidad con lo establecido en la Ley 31/1995, de 8 de noviembre, de Prevención de Riesgos Laborales, y su normativa de desarrollo. **(17)**

LA PERSONA TRABAJADORA, se compromete a cumplir las siguientes condiciones especiales sobre la prevención de riesgos laborales:

– Elegir espacios de trabajo adecuados al desarrollo de una actividad laboral de conformidad con las normas de salud y seguridad vigentes que la empresa ha comunicado al empleado a través de información y formación específicas (Anexo). La evaluación de riesgos únicamente debe alcanzar a la zona habilitada para la prestación de servicios, no extendiéndose al resto de zonas de la vivienda o del lugar elegido para el desarrollo del trabajo a distancia.

– Cooperar para la implementación de las medidas de prevención dispuestas por la empresa para afrontar los riesgos vinculados a la ejecución de la prestación laboral a distancia.

OCTAVA. Seguridad de la información

El acceso a los diferentes entornos y sistemas informáticos de la EMPRESA será efectuado siempre y en todo momento bajo el control y la responsabilidad de LA PERSONA TRABAJADORA siguiendo los procedimientos establecidos por LA EMPRESA, los cuales se encuentran definidos en el reglamento interno de trabajo y hace parte integral del presente acuerdo.

NOVENA. Problemas técnicos

Siguiendo el art. 4.2 de la Ley 10/2021, de 9 de julio, de trabajo a distancia, en caso de producirse dentro de la jornada prestada en teletrabajo incidentes debidos a desconexiones que impidan la prestación, por ser imprescindibles para la misma, como cortes en el suministro de luz o conexión de internet, ajenos a las personas trabajadoras, la empresa [ESPECIFICAR]. (18)

DÉCIMA. Protección de datos personales

LA PERSONA TRABAJADORA se compromete a respetar la legislación en materia de protección de datos, las políticas de privacidad y de seguridad de la información que la empresa ha implementado, como también a:

– Utilizar los datos de carácter personal a los que tenga acceso único y exclusivamente para cumplir con sus obligaciones para con LA EMPRESA

– Cumplir con las medidas de seguridad que la EMPRESA haya implementado para asegurar la confidencialidad, secreto e integridad de los datos de carácter personal a los que tenga acceso, así como no a no ceder en ningún caso a terceras personas los datos de carácter personal a los que tenga acceso, ni tan siquiera a efectos de su conservación.

En cumplimiento de la Ley Orgánica 3/2018, de 5 de diciembre, de Protección de Datos Personales y garantía de los derechos digitales (LOPDGDD) y Reglamento (UE) 2016/679 del Parlamento Europeo y del Consejo, de 27 de abril de 2016, relativo a la protección de las personas físicas en lo que respecta al tratamiento de datos personales y a la libre circulación de estos datos y por el que se deroga la Directiva 95/46/CE (Reglamento general de protección de datos):

– LA PERSONA TRABAJADORA tendrá derecho a la protección de su intimidad en el uso de los dispositivos digitales puestos a su disposición por su empleador.

– EL EMPLEADOR podrá acceder a los contenidos derivados del uso de medios digitales facilitados a los trabajadores a los solos efectos de controlar el cumplimiento de las obligaciones laborales o estatutarias y de garantizar la integridad de dichos dispositivos.

‒ El acceso por EL EMPLEADOR al contenido de dispositivos digitales respecto de los que haya admitido su uso con fines privados requerirá [DESCRIPCIÓN].

‒ LA PERSONA TRABAJADORA tendrá derecho a la desconexión digital a fin de garantizar, fuera del tiempo de trabajo legal o convencionalmente establecido, el respeto de su tiempo de descanso, permisos y vacaciones, así como de su intimidad personal y familiar. Para lo que se fija: [DESCRIPCIÓN]. **(19)**

UNDÉCIMA. Propiedad intelectual

Los derechos de Propiedad intelectual e industrial que se generen en virtud del presente acuerdo le pertenecen a la EMPRESA. LA PERSONA TRABAJADORA no tendrá las facultades de podrá realizar actividad alguna de uso, reproducción, comercialización, comunicación pública o transformación sobre el resultado de sus funciones, ni tendrá derecho a ejercitar cualquier otro derecho, sin la previa autorización expresa DEL EMPLEADOR.

DUODÉCIMA. Confidencialidad

EL/LA TELETRABAJADOR/A se compromete a guardar la máxima reserva y confidencialidad sobre las actividades laborales que desarrolle. Se considerará Información Confidencial la información de propiedad de LA EMPRESA y la información que genere LA PERSONA TRABAJADORA en virtud del contrato de trabajo. LA PERSONA TRABAJADORA se compromete a no divulgar dicha Información Confidencial, por ningún medio físico o electrónico, así como a no publicarla ni ponerla a disposición de terceros, a no ser que cuente con el consentimiento de la empresa

DECIMOTERCERA. Información en caso de puestos de trabajo vacantes de carácter presencial (20)

En el caso de que el trabajo a distancia sea del 100 % de la jornada, la empresa informará a la persona trabajadora cuando existan puestos de trabajo vacantes de forma presencial en su/s centro/s de trabajo, por si le interesara optar por esta modalidad laboral.

Se firma por las partes, el [DÍA] del [MES] de [AÑO].

[SELLO_Y_FIRMA_EMPRESA]

La empresa.

[FIRMA]

D./D.ª [NOMBRE_PERSONA TRABAJADORA].

---

(1) En caso de que el acuerdo haya sido suscrito al inicio de la relación laboral indicar. EN CASO DE FORMALIZAR UN ANEXO AL CONTRATO ESPECIFICAR: «En ningún momento este acuerdo reemplaza el contrato de trabajo. Se constituye como complementario sobre condiciones especiales en que se debe desarrollar el Teletrabajo».

(2) En la negociación colectiva se pactarán los términos del ejercicio del derecho a la conciliación de la vida familiar y laboral, incluida la posibilidad de prestación de trabajo a distancia.

(3) El «trabajo a distancia» supone una forma de organización del trabajo o de realización de la actividad laboral conforme a la cual esta se presta en el domicilio de la persona trabajadora o en el lugar elegido por esta, durante toda su jornada o parte de ella, con carácter regular

(4) Se entenderá que es regular el trabajo a distancia que se preste, en un periodo de referencia de tres meses, un mínimo del treinta por ciento de la jornada, o el porcentaje proporcional equivalente en función de la duración del contrato de trabajo. La modificación de las condiciones establecidas en el acuerdo de trabajo a distancia, incluido el porcentaje de presenciali-

dad, deberá ser objeto de acuerdo entre la empresa y la persona trabajadora, formalizándose por escrito con carácter previo a su aplicación. Esta modificación será puesta en conocimiento de la representación legal de las personas trabajadoras

(5) Indicar centro de trabajo de la empresa al que queda adscrita la persona trabajadora a distancia y donde, en su caso, desarrollará la parte de la jornada de trabajo presencial.

(6) Los días de trabajo a distancia deben entenderse sin perjuicio de los periodos de vacaciones, fiestas y permisos, etc. a los que seguirá siendo de aplicación lo establecido en convenio colectivo.

(7) Indicar la duración del acuerdo de trabajo a distancia. La decisión de trabajar a distancia desde una modalidad de trabajo presencial será reversible para la empresa y la persona trabajadora. El ejercicio de esta reversibilidad podrá ejercerse en los términos establecidos en la negociación colectiva. En defecto de convenio podrán fijarse en el acuerdo de trabajo a distancia (art. 7 de la Ley 10/2021, de 9 de julio, de trabajo a distancia) las condiciones: «Cualquiera de las dos partes, preavisando por escrito y con una antelación de [NÚMERO] días a la fecha de efectividad, podrá solicitar el cese de esta modalidad de prestación de servicios en cualquier momento de su vigencia y aplicación, volviendo la persona trabajadora a prestar sus servicios de forma presencial en el centro de trabajo en las mismas condiciones de origen».

(8) Todas las cuestiones relativas a los equipamientos de trabajo, a la responsabilidad y a los costos han de ser definidos con anterioridad al inicio del teletrabajo. A modo de ejemplo: «materias, suministros, servicios, etc.».

(9) El empresario informará al teletrabajador de la política de la empresa en materia de salud y seguridad en el trabajo, en especial sobre las exigencias relativas a las pantallas de datos. El teletrabajador deberá aplicar correctamente estas políticas de seguridad.

(10) A estos efectos dichos trabajadores deberán estar adscritos a un centro de trabajo concreto de la empresa.

(11) La empresa deberá entregar a la representación legal de las personas trabajadoras una copia de todos los acuerdos de trabajo a distancia que se realicen y de sus actualizaciones, excluyendo aquellos datos que, de acuerdo con la Ley Orgánica 1/1982, de 5 de mayo, de protección civil del derecho al honor, a la intimidad personal y familiar y a la propia imagen, pudieran afectar a la intimidad personal, de conformidad con lo previsto en el artículo 8.4 del Estatuto de los Trabajadores. El tratamiento de la información facilitada estará sometido a los principios y garantías previstos en la normativa aplicable en materia de protección de datos. Esta copia se entregará por la empresa, en un plazo no superior a diez días desde su formalización, a la representación legal de las personas trabajadoras, que la firmarán a efectos de acreditar que se ha producido la entrega. Posteriormente, dicha copia se enviará a la oficina de empleo. Cuando no exista representación legal de las personas trabajadoras también deberá formalizarse copia básica y remitirse a la oficina de empleo.

(12) En consonancia con el art. 17 «Derecho a la intimidad y a la protección de datos» Ley 10/2021, de 9 de julio, de trabajo a distancia».

(13) En el caso de que la empresa opte por la compensación de los gastos en que haya incurrido la persona trabajadora, hasta el máximo de la cantidad indicada, deberá justificarse por la persona trabajadora mediante facturas debidamente emitidas. SAN n.º 132/2021, de 4 de junio de 2021, ECLI:ES:AN:2021:2567

(14) Han de enumerarse los gastos que pudiera tener la persona trabajadora por el hecho de prestar servicios a distancia, así como forma de cuantificación de la compensación que obligatoriamente debe abonar la empresa y momento y forma para realizar la misma, que se corresponderá, de existir, con la previsión recogida en el convenio o acuerdo colectivo de aplicación. A modo de ej.: gastos de Internet, energía eléctrica, etc. SAN n.º 44/2022, de 22 de marzo, ECLI:ES:AN:2022:1131

(15) La empresa podrá adoptar las medidas que estime más oportunas de vigilancia y control para verificar el cumplimiento por la persona trabajadora de sus obligaciones y deberes laborales, incluida la utilización de medios telemáticos, guardando en su adopción y aplicación la consideración debida a su dignidad y teniendo en cuenta, en su caso, la capacidad real de los trabajadores con discapacidad.

Los empleadores deberán establecer criterios de utilización de los dispositivos digitales respetando en todo caso los estándares mínimos de protección de su intimidad de acuerdo con los usos sociales y los derechos reconocidos constitucional y legalmente. En su elaboración deberán participar los representantes de los trabajadores.

Frente a al derecho a la intimidad y uso de dispositivos digitales que se otorga a los trabajadores por la LOPDGDD, se establece la obligación de los empleadores de «establecer criterios de utilización» y, en su caso, «la determinación de los períodos en que los dispositivos podrán utilizarse para fines privados». Igualmente deberán especificarse las posibilidades de acceso por el empleador al contenido de esos dispositivos digitales. De todo lo cual deberán ser informados los trabajadores.

(16) El sistema de registro horario que se regula en el artículo 34.9 del Estatuto de los Trabajadores, de conformidad con lo establecido en la negociación colectiva, deberá reflejar fielmente el tiempo que la persona trabajadora que realiza trabajo a distancia dedica a la actividad laboral, sin perjuicio de la flexibilidad horaria, y deberá incluir, entre otros, el momento de inicio y finalización de la jornada.

(17) La evaluación de riesgos y la planificación de la actividad preventiva del trabajo a distancia deberán tener en cuenta los riesgos característicos de esta modalidad de trabajo, poniendo especial atención en los factores psicosociales, ergonómicos y organizativos. En particular, deberá tenerse en cuenta la distribución de la jornada, los tiempos de disponibilidad y la garantía de los descansos y desconexiones durante la jornada.

La empresa deberá obtener toda la información acerca de los riesgos a los que está expuesta la persona que trabaja a distancia mediante una metodología que ofrezca confianza respecto de sus resultados, y prever las medidas de protección que resulten más adecuadas en cada caso.

(18) La cuestión desde un punto de vista práctico supone cierta problemática. Teniendo en cuenta la redacción del art. 4.2 de la Ley 10/2021, de 9 de julio especifica: «Las personas que desarrollan trabajo a distancia no podrán sufrir perjuicio alguno ni modificación en las condiciones pactadas, en particular en materia de tiempo de trabajo o de retribución, por las dificultades, técnicas u otras no imputables a la persona trabajadora, que eventualmente pudieran producirse, sobre todo en caso de teletrabajo», la empresa ha de configurar un sistema de cómputo del tiempo que dure el inconveniente, sin que las personas trabajadoras deban recuperar ese tiempo ni sufrir descuento alguno en sus retribuciones, siempre y cuando se aporte (por ejemplo) justificación de la empresa suministradora del servicio de que se trate sobre la existencia y duración de la incidencia. (SAN n.º 104/2021, de 10 de mayo de 2021, ECLI: ECLI:ES:AN:2021:1855).

(19) Dentro del derecho a la desconexión digital, la LOPDGDD deja en manos de la negociación colectiva y de la política interna de la empresa las modalidades de ejercicio de este derecho, así como las acciones de formación y sensibilización del personal sobre el uso razonable de las herramientas informáticas, haciendo especial referencia a los supuestos de trabajo a distancia y teletrabajo.

(20) Las personas que realizan trabajo a distancia desde el inicio de la relación laboral durante la totalidad de su jornada, tendrán prioridad para ocupar puestos de trabajo que se realizan total o parcialmente de manera presencial. A estos efectos, la empresa informará a estas personas que trabajan a distancia y a la representación legal de las personas trabajadoras de los puestos de trabajo vacantes de carácter presencial que se produzcan.

Documento de control empresarial de la actividad ejecutada a distancia por parte del trabajador (teletrabajo)

El presente formulario permite la formalización de un pacto sobre control de la actividad ejecutada mediante teletrabajo y la recepción por parte del trabajador de los medios, materiales e informaciones precisas que la empresa suministra para el desarrollo del mismo.

En [LUGAR], a [DIA] de [MES] de [AÑO].

REUNIDOS:

De una parte D./D.ª [NOMBRE_PERSONA_TRABAJADORA], con DNI [DNI] en su condición de [CATEGORIA_PROFESIONAL], en nombre y representación de la empresa [NOMBRE_EMPRESA] con NIF [NIF], código cuenta de cotización [NÚMERO], actividad de [ACTIVIDAD_EMPRESA], con domicilio social en [DOMICILIO_SOCIAL], c/ [CALLE].

De otra D./Dña. [NOMBRE_TRABAJADOR], con DNI [DNI], con domicilio en [DOMICILIO_SOCIAL], c/ [CALLE] con plena capacidad de obrar, que actúa en nombre propio.

MANIFIESTAN

Que reconociéndose mutua capacidad de obrar, es interés de ambas partes concertar, en paralelo al acuerdo de trabajo, firmado con fecha de efectos de [FECHA] **(1)**, un método para el control empresarial de la actividad ejecutada, y de la recepción, por parte del trabajador, de los medios, materiales e informaciones precisas que la empresa ha de suministrar para el correcto desarrollo de sus funciones, que se regirá por las siguientes:

CLÁUSULAS

I.- Que el/la trabajador/a D./Dña. [NOMBRE_TRABAJADOR_A] prestará servicios con el grupo profesional de [GRUPO_PROFESIONAL] realizando -ESPECIFICAR ACTIVIDAD CONTRATADA- en el período [PLAZO].

II.- El empresario entregará con periodicidad de [ESPECIFICAR] los medios precisos para que el/la trabajador/a ejecute el trabajo contratado. En concreto:

– [ESPECIFICAR]. **(2)**

– [ESPECIFICAR].

– [ESPECIFICAR].

III.- La entrega de los medios precisos para la ejecución del trabajo quedará registrada mediante [ESPECIFICAR].

IV.- El/La trabajador/a, hará entrega a la empresa con periodicidad de [ESPECIFICAR], y por medio de [ESPECIFICAR] (o vía electrónica), de [ESPECIFICAR]. **(3)**

V.- Que a los [NÚMERO] días de la recepción por parte de la empresa de [ESPECIFICAR] **(3)**, y la verificación de su calidad en base a los pactos establecidos, el/la trabajador/a recibirá los emolumentos acordados que ascienden a la cuantía [CANTIDAD] euros, en la cuenta bancaria proporcionada al efecto. **(4)**

VI.- Ambas partes respetarán las exigencias establecidas en la legislación vigente en materia de protección de datos personales así como en el convenio colectivo [CONVENIO_COLECTIVO_APLICABLE], según el Reglamento (UE) 2016/679 del Parlamento Europeo y del Consejo, de 27 de abril de 2016, relativo a la protección de las personas físicas en lo que respecta al tratamiento de datos personales y a la libre circulación de estos datos y por el que se deroga la Directiva 95/46/CE (Reglamento general de protección de datos —RGPD—), la Ley Orgánica 3/2018, de 5 de diciembre, de Protección de Datos Personales y garantía de los derechos digitales (LOPDG-DD) y art. 17 de la Ley 10/2021, de 9 de julio, de trabajo a distancia. En concreto se garantizan en los términos exigidos por la citada normativa:

- Derecho a la intimidad y uso de dispositivos digitales.

- Derecho a la desconexión digital.

- Derecho a la intimidad frente al uso de dispositivos de videovigilancia y de grabación de sonidos en el lugar de trabajo.

- Derecho a la intimidad ante la utilización de sistemas de geolocalización en el ámbito laboral.

VII.- En todo lo no regulado por el presente contrato, las partes se remiten a la legislación laboral que resulte de aplicación y sea compatible con el mismo.

[FIRMA]

D./D.ª [NOMBRE_PERSONA_TRABAJADORA].

[SELLO_Y_FIRMA_EMPRESA]

La empresa.

---

(1) El trabajo a distancia será voluntario para la persona trabajadora y para la empleadora y requerirá la firma del acuerdo de trabajo a distancia regulado en este real decreto-ley, que podrá formar parte del contrato inicial o realizarse en un momento posterior, sin que pueda ser impuesto en aplicación del artículo 41 del Estatuto de los Trabajadores, todo ello sin perjuicio del derecho al trabajo a distancia que pueda reconocer la legislación o la negociación colectiva.

(2) Todas las cuestiones relativas a los equipamientos de trabajo, a la responsabilidad y a los costos han de ser definidos en el acuerdo de trabajo a distancia. A modo de ejemplo: «materias, suministros, servicios, información y cuantos, etc.». La empresa no podrá exigir la instalación de programas o aplicaciones en dispositivos propiedad de la persona trabajadora, ni la utilización de estos dispositivos en el desarrollo del trabajo a distancia. Las empresas deberán establecer criterios de utilización de los dispositivos digitales respetando en todo caso los estándares mínimos de protección de su intimidad de acuerdo con los usos sociales y los derechos reconocidos legal y constitucionalmente. En su elaboración deberá participar la representación legal de las personas trabajadoras.

(3) Especificar obra o servicio ejecutado. Los convenios o acuerdos colectivos podrán especificar los términos dentro de los cuales las personas trabajadoras pueden hacer uso por motivos personales de los equipos informáticos puestos a su disposición por parte de la empresa para el desarrollo del trabajo a distancia, teniendo en cuenta los usos sociales de dichos medios y las particularidades del trabajo a distancia.

(4) Especificar de ser necesario un plazo determinado de entrega o cualquier característica relacionada con la retribución por entrega fuera de plazo o con defectos.

Acuerdo empresa-trabajador para la utilización de medios informáticos durante el trabajo a distancia

El art. 22 de la Ley 10/2021, de 9 de julio, de trabajo a distancia, establece las facultades de control empresarial: «la empresa podrá adoptar las medidas que estime más oportunas de vigilancia y control para verificar el cumplimiento por la persona trabajadora de sus obligaciones y deberes laborales, incluida la utilización de medios telemáticos, guardando en su adopción y aplicación la consideración debida a su dignidad y teniendo en cuenta, en su caso, la capacidad real de los trabajadores con discapacidad».

En [LUGAR], a [FECHA].

REUNIDOS

De una parte, D./D.ª [NOMBRE], con DNI núm. [NÚMERO], en calidad de [ESPECIFICAR], de la empresa [NOMBRE_EMPRESA], con domicilio social en [DOMICILIO_SOCIAL] (EN ADELANTE LA EMPRESA).

De otra parte, D./D.ª [NOMBRE_PERSONA_TRABAJADORA] con DNI núm. [NÚMERO], trabajador/a de la mercantil (EN ADELANTE EL/LA TRABAJADOR/A), actuando en su propio nombre y derecho,

MANIFIESTAN

I. Que, el/la trabajador/a, D./Dña. [NOMBRE_TRABAJADOR_A] viene realizando prestaciones laborales para la empresa [NOMBRE_EMPRESA], con antigüedad desde el día [DÍA], con el grupo profesional de [GRUPO_PROFESIONAL] y un salario mensual de [CANTIDAD] euros.

II. Que la empresa pone a disposición del trabajador los siguientes medios informáticos: [DESCRIPCIÓN].

III. Que, al estar ambas partes interesadas en fijar por escrito el uso de los medios informáticos puestos a disposición por parte de la mercantil para el desarrollo de la relación laboral, ambas partes acuerdan las siguientes:

CLÁUSULAS

1. USO DE LOS MEDIOS INFORMÁTICOS PUESTOS A DISPOSICIÓN

El artículo 17 de la Ley 10/2021, de 9 de julio, sobre el derecho a la intimidad y a la protección de datos establece:

> «3. Las empresas deberán establecer criterios de utilización de los dispositivos digitales respetando en todo caso los estándares mínimos de protección de su intimidad de acuerdo con los usos sociales y los derechos reconocidos legal y constitucionalmente. En su elaboración deberá participar la representación legal de las personas trabajadoras. (1)
> Los convenios o acuerdos colectivos podrán especificar los términos dentro de los cuales las personas trabajadoras pueden hacer uso por motivos personales de los equipos informáticos puestos a su disposición por parte de la empresa para el desarrollo del trabajo a distancia, teniendo en cuenta los usos sociales de dichos medios y las particularidades del trabajo a distancia».

El artículo 21 de la Ley 10/2021, de 9 de julio, sobre condiciones e instrucciones de uso y conservación de equipos informáticos establece:

> «Las personas trabajadoras deberán cumplir las condiciones e instrucciones de uso y conservación establecidas en la empresa en relación con los equipos

o útiles informáticos, dentro de los términos que, en su caso, se establezcan en la negociación colectiva».

I.- Los medios informáticos puestos a disposición DEL/LA TRABAJADOR/A, son herramientas de trabajo propiedad de LA EMPRESA, tanto en relación con el hardware y con el software instalado como en relación con los contenidos, y como tales herramientas deberán ser considerados, estando destinados los mismos al uso estrictamente profesional en función de los cometidos laborales encomendados a D./D.ª [NOMBRE].

II.- LA EMPRESA podrá realizar los controles que estime oportunos sobre la utilización de tales medios puestos a su disposición, incluido el acceso a cualquier archivo que pudiera tener D./Dña. [NOMBRE] en el ordenador, a lo cual ésta expresamente autoriza, dado que los contenidos se considerarán a todos los efectos como documentación de la empresa.

III.- La PERSONA TRABAJADORA, será responsable del uso de su contraseña personal, así como de la custodia de todos los documentos existentes en su ordenador, no pudiendo hacer uso de su contenido para fines distintos de los laborales, revelar o difundir su contenido ni obtener copias mediante cualquier procedimiento para utilizarlas fuera del ámbito de la empresa, salvo que tenga autorización expresa de la empresa para ello.

IV.- LA EMPRESA prohíbe expresamente la instalación de cualquier programa o producto informático en el sistema de información sin la correspondiente autorización del responsable asignado, en este caso D./D.ª [NOMBRE].

V.- Se considera obligación de la PERSONA TRABAJADORA cumplir la normativa vigente y lo dispuesto en el documento de seguridad, en relación a la protección de datos de carácter personal.

VI.- [ESPECIFICAR].

2. USO DE INTERNET EN EL TRABAJO

I.- En el ámbito de la empresa, Internet tiene carácter laboral y no debe usarse más que conforme a las instrucciones impartidas por la misma.

II.- La PERSONA TRABAJADORA será el único responsable de las sesiones de trabajo iniciadas en Internet desde el terminal que se le asigne para el desarrollo de su actividad laboral por parte de LA EMPRESA.

III.- Queda absolutamente prohibida toda utilización de Internet con carácter personal o de manera ajena a la actividad empresarial al igual que la utilización del sistema para la participación, el acceso y/o la descarga y/o el almacenamiento en cualquier soporte, de páginas o contenidos tales como:

- Chats, foros o similares.
- Páginas de juegos en línea.
- Descarga de cualquier dispositivo de comunicación on-line.
- Páginas o contenidos ilegales, inadecuados o [DESCRIPCIÓN].
- ...

IV.- Cualquier tipo de modificación en la configuración de navegadores o [DESCRIPCIÓN] necesitará la autorización expresa del responsable asignado, en este caso D./Dña. [NOMBRE].

V.- Debe evitarse la utilización de imágenes y sonidos para fines distintos e incompatibles con la actividad laboral de la empresa.

VI.- En caso de descarga (de forma intencionada u ocasional) de virus o códigos maliciosos, por parte la PERSONA TRABAJADORA, la empresa se reserva el derecho a [DESCRIPCIÓN].

3.- INSTRUCCIONES GENERALES DE USO DEL CORREO ELECTRÓNICO

I.- El personal al servicio de LA EMPRESA debe hacer un buen uso del correo electrónico y del resto de medios, entendiendo como tal el [DESCRIPCIÓN].

II.- La PERSONA TRABAJADORA con cuenta de correo asignada será el usuario de estos sistemas y es responsable de los recursos que tenga asignados y de todas las acciones que se lleven a cabo en su utilización.

III.- Uso profesional/personal

(EN CASO DE QUERER POSIBILITAR EL USO PERSONAL) La cuenta de correo electrónico facilitada por LA EMPRESA puede emplearse con fines privados si se trata de un uso por motivos personales o domésticos que no sea abusivo y no perjudique la seguridad de los sistemas de información de la organización, ni el normal desarrollo de las funciones que la persona tenga encomendadas

(EN CASO DE QUERER RESTRINGIR EL USO A NIVEL PROFESIONAL) La cuenta de correo electrónico facilitada por LA EMPRESA ha de emplearse únicamente para uso exclusivo en el desarrollo de la actividad laboral.

IV.- Prohibiciones

Se prohíbe expresamente:

a) El envío de correos masivos *(spam)*.

b) El uso del correo electrónico corporativo vulnerando los derechos de terceros o de LA EMPRESA, o para la realización de actos de carácter ilícito.

c) [DESCRIPCIÓN].

4.- PROTECCIÓN DE DATOS DE CARÁCTER PERSONAL

El artículo 17 de la Ley 10/2021, de 9 de julio, sobre el derecho a la intimidad y a la protección de datos establece:

«1. La utilización de los medios telemáticos y el control de la prestación laboral mediante dispositivos automáticos garantizará adecuadamente el derecho a la intimidad y a la protección de datos, en los términos previstos en la Ley Orgánica 3/2018, de 5 de diciembre, de Protección de Datos Personales y garantía de los derechos digitales, de acuerdo con los principios de idoneidad, necesidad y proporcionalidad de los medios utilizados».

LA PERSONA TRABAJADORA se compromete a respetar la legislación en materia de protección de datos, las políticas de privacidad y de seguridad de la información que la empresa ha implementado, como también a:

Utilizar los datos de carácter personal a los que tenga acceso único y exclusivamente para cumplir con sus obligaciones para con LA EMPRESA

Cumplir con las medidas de seguridad que la EMPRESA haya implementado para asegurar la confidencialidad, secreto e integridad de los datos de carácter personal a los que tenga acceso, así como no a no ceder en ningún caso a terceras personas los datos de carácter personal a los que tenga acceso, ni tan siquiera a efectos de su conservación.

En cumplimiento de la Ley Orgánica 3/2018, de 5 de diciembre, de Protección de Datos Personales y garantía de los derechos digitales (LOPDGDD) y Reglamento (UE)

2016/679 del Parlamento Europeo y del Consejo, de 27 de abril de 2016, relativo a la protección de las personas físicas en lo que respecta al tratamiento de datos personales y a la libre circulación de estos datos y por el que se deroga la Directiva 95/46/CE (Reglamento general de protección de datos):

EL EMPLEADOR podrá acceder a los contenidos derivados del uso de medios digitales facilitados a los trabajadores a los solos efectos de controlar el cumplimiento de las obligaciones laborales o estatutarias y de garantizar la integridad de dichos dispositivos.

El acceso por EL EMPLEADOR al contenido de dispositivos digitales respecto de los que haya admitido su uso con fines privados requerirá [DESCRIPCIÓN].

5.- DESCONEXIÓN DIGITAL

LA PERSONA TRABAJADORA tendrá derecho a la desconexión digital a fin de garantizar, fuera del tiempo de trabajo legal o convencionalmente establecido, el respeto de su tiempo de descanso, permisos y vacaciones, así como de su intimidad personal y familiar. Para lo que se fija: [DESCRIPCIÓN]. **(2)**

6.- SANCIONES

En caso de cualquier incumplimiento de los puntos anteriores la PERSONA TRABAJADORA será sancionado/a conforme lo establecido en el art. [NÚMERO] del convenio colectivo [CONVENIO_COLECTIVO_APLICABLE] en función de la gravedad del mismo.

Ambas partes, ratificando el contenido del presente documento, lo firman por duplicado y a un solo efecto en lugar y fecha arriba indicados.

[SELLO_Y_FIRMA_EMPRESA]

La empresa.

[FIRMA]

D./D.ª [NOMBRE_PERSONA_TRABAJADORA].

---

(1) La STS, rec. 966/2006, de 26 de septiembre de 2007, ECLI:ES:TS:2007:6128, considera que el uso de equipos informáticos o cualesquiera otros dispositivos proporcionados para la realización de la actividad laboral por la empresa (pen drives, móviles, smartphones, ordenadores, correo electrónico o internet) se considerarán herramientas de trabajo susceptibles del control por parte del empresario. Para que cualquier negligencia o mal uso de las mismas puedan justificar sanciones o despidos disciplinarios el empresario deberá informar sobre las formas de supervisión y medidas que han de adoptarse para garantizar la efectiva y correcta utilización laboral de medios facilitados, en concreto:
- Establecer previamente reglas de uso.
- Especificar prohibiciones absolutas o parciales.
- Informar a los trabajadores de que va a existir control empresarial sobre este tipo de dispositivos.
(2) Establecer medidas concretas o hacer referencia a la existencia de un protocolo de desconexión digital.

Acuerdo empresa-trabajador para la utilización de medios informáticos

El empresario podrá adoptar las medidas que estime más oportunas de vigilancia y control para verificar el cumplimiento por el trabajador de sus obligaciones y deberes laborales, guardando en su adopción y aplicación la consideración debida a su dignidad humana (art. 20.3 del ET).

La jurisprudencia STS, rec. 966/2006, de 26 de septiembre de 2007, ECLI:ES:TS:2007:6128, considera que el uso de equipos informáticos o cualesquiera otros dispositivos proporcionados para la realización de la actividad laboral por la empresa (pen drives, móviles, smartphones, ordenadores, correo electrónico o internet) se considerarán herramientas de trabajo susceptibles del control por parte del empresario. Para que cualquier negligencia o mal uso de las mismas puedan justificar sanciones o despidos disciplinarios el empresario deberá informar sobre las formas de supervisión y medidas que han de adoptarse para garantizar la efectiva y correcta utilización laboral de medios facilitados, en concreto:

– Establecer previamente reglas de uso.

– Especificar prohibiciones absolutas o parciales.

– Informar a los trabajadores de que va a existir control empresarial sobre este tipo de dispositivos.

En [LUGAR], a [DIA] de [MES] de [AÑO].

REUNIDOS

De una parte, D./D.ª [NOMBRE], con DNI núm. [NÚMERO], en calidad de [ESPECIFICAR], de la empresa [NOMBRE_EMPRESA], con domicilio social en [DOMICILIO_SOCIAL] (EN ADELANTE LA EMPRESA).

De otra parte, D./D.ª [NOMBRE_TRABAJADOR_A] con DNI núm. [NÚMERO], trabajador/a de la mercantil (EN ADELANTE EL/LA TRABAJADOR/A), actuando en su propio nombre y derecho,

MANIFIESTAN

1. Que, el/la trabajador/a, D./Dña. [NOMBRE_TRABAJADOR_A] viene realizando prestaciones laborales para la empresa [NOMBRE_EMPRESA], con antigüedad desde el día [DÍA], con el grupo profesional de [GRUPO_PROFESIONAL] y un salario mensual de [CANTIDAD] euros.

2. Que la empresa pone a disposición del trabajador los siguientes medios informáticos [DESCRIPCIÓN].

Que, al estar ambas partes interesadas en fijar por escrito el uso de medios informáticos puestos a disposición por parte de la mercantil durante la duración de la relación laboral entre ambas, acuerdan las siguientes

CLÁUSULAS

1.- USO DEL SISTEMA INFORMÁTICO

I.- Los medios informáticos puestos a disposición DEL/LA TRABAJADOR/A, son herramientas de trabajo propiedad de LA EMPRESA, tanto en relación con el hardware y con el software instalado como en relación con los contenidos, y como tales herramientas deberán ser considerados, estando destinados los mismos al uso estrictamente profesional en función de los cometidos laborales encomendados a D./Dña. [NOMBRE].

II.- LA EMPRESA podrá realizar los controles que estime oportunos sobre la utilización de tales medios puestos a su disposición, incluido el acceso a cualquier archivo que pudiera tener D./Dña. [NOMBRE] en el ordenador, a lo cual ésta expresamente autoriza, dado que los contenidos se considerarán a todos los efectos como documentación de la empresa.

III.- EL/LA TRABAJADOR/A, será responsable del uso de su contraseña personal así como de la custodia de todos los documentos existentes en su ordenador, no pudiendo hacer uso de su contenido para fines distintos de los laborales, revelar o difundir su contenido ni obtener copias mediante cualquier procedimiento para utilizarlas fuera del ámbito de la empresa, salvo que tenga autorización expresa de la empresa para ello.

IV.- LA EMPRESA prohíbe expresamente la instalación de cualquier programa o producto informático en el sistema de información sin la correspondiente autorización del responsable asignado, en este caso D./Dña. [NOMBRE].

V.- Se considera obligación DEL/LA TRABAJADOR/A cumplir la normativa vigente y lo dispuesto en el Documento de Seguridad, en relación a la protección de datos de carácter personal.

VI- [ESPECIFICAR].

2.- USO DE INTERNET EN EL TRABAJO

I.- En el ámbito de la empresa, Internet tiene carácter laboral y no debe usarse más que conforme a las instrucciones impartidas por la misma.

II.- EL/LA TRABAJADOR/A será el único responsable de las sesiones de trabajo iniciadas en Internet desde el terminal que se le asigne para el desarrollo de su actividad laboral por parte de LA EMPRESA.

III.- Queda absolutamente prohibida toda utilización de Internet con carácter personal o de manera ajena a las actividades empresariales al igual que la utilización del sistema para la participación, el acceso y/o la descarga y/o el almacenamiento en cualquier soporte, de páginas o contenidos tales como:

– Chats, foros o similares.

– Páginas de juegos en línea

– Descarga de cualquier dispositivo de comunicación on-line

– Páginas o contenidos ilegales, inadecuados o [DESCRIPCIÓN]

– ...

IV.- Cualquier tipo de modificación en la configuración de navegadores o [DESCRIPCIÓN] necesitará la autorización expresa del responsable asignado, en este caso D./Dña. [NOMBRE].

V.- Debe evitarse la utilización de imágenes y sonidos para fines distintos e incompatibles con la actividad laboral de la empresa.

VI.- En caso de descarga (de forma intencionada u ocasional) de virus o códigos maliciosos, por parte DEL/LA TRABAJADOR/A, la empresa se reserva el derecho a [DESCRIPCIÓN].

3.- INSTRUCCIONES GENERALES DE USO DEL CORREO ELECTRÓNICO

I.- El personal al servicio de LA EMPRESA debe hacer un buen uso del correo electrónico y del resto de medios, entendiendo como tal el [DESCRIPCIÓN].

II.- EL/LA TRABAJADOR/A con cuenta de correo asignada será el usuario de estos sistemas y es responsable de los recursos que tenga asignados y de todas las acciones que se lleven a cabo en su utilización.

III.- [(EN CASO DE QUERER POSIBILITAR EL USO PERSONAL) La cuenta de correo electrónico facilitada por LA EMPRESA puede emplearse con fines privados si se trata de un uso por motivos personales o domésticos que no sea abusivo y no perjudique la seguridad de los sistemas de información de la organización, ni el normal desarrollo de las funciones que la persona tenga encomendadas

(EN CASO DE QUERER RESTRINGIR EL USO A NIVEL PROFESIONAL) La cuenta de correo electrónico facilitada por LA EMPRESA ha de emplearse únicamente para uso exclusivo en el desarrollo de la actividad laboral].

IV.- Se prohíbe expresamente:

a) El envío de correos masivos (spam).

b) El uso del correo electrónico corporativo vulnerando los derechos de terceros o de LA EMPRESA, o para la realización de actos de carácter ilícito.

c) [DESCRIPCIÓN].

4.- PROTECCIÓN DE DATOS DE CARÁCTER PERSONAL

I. -Es obligación DEL/LA TRABAJADOR/A cumplir la normativa vigente y lo dispuesto en el Documento de Seguridad, en relación a la protección de datos de carácter personal de conformidad con la Ley Orgánica 3/2018, de 5 de diciembre, de Protección de Datos Personales y garantía de los derechos digitales y al Reglamento (UE) 2016/679 del Parlamento Europeo y del Consejo, de 27 de abril de 2016, relativo a la protección de las personas físicas en lo que respecta al tratamiento de datos personales y a la libre circulación de estos datos y por el que se deroga la Directiva 95/46/CE (Reglamento general de protección de datos).

5.- SANCIONES

En caso de cualquier incumplimiento de los puntos anteriores EL/LA TRABAJADOR/A será sancionado/a conforme lo establecido en el art. [NÚMERO] del convenio colectivo [CONVENIO_COLECTIVO_APLICABLE] en función de la gravedad del mismo.

Ambas partes, ratificando el contenido del presente documento, lo firman por duplicado y a un solo efecto en lugar y fecha arriba indicados.

[SELLO_Y_FIRMA]

La empresa.

[FIRMA]

D./D.ª [NOMBRE_PERSONA_TRABAJADORA].

Comunicación genérica de la empresa estableciendo el uso de herramientas informáticas de la empresa para exclusivos fines profesionales

El empresario podrá adoptar las medidas que estime más oportunas de vigilancia y control para verificar el cumplimiento por el trabajador de sus obligaciones y deberes laborales, guardando en su adopción y aplicación la consideración debida a su dignidad y teniendo en cuenta, en su caso, la capacidad real de los trabajadores con discapacidad, todo ello al amparo del art. 20.3 del ET.

En [LOCALIDAD], a [DÍA] de [MES] de [AÑO].

[DATOS_EMPRESA].

Comunicación del control de los medios informáticos que se facilitan a los trabajadores para la ejecución de la prestación laboral

Por medio de la presente [NOMBRE_EMPRESA] quiere recordar que tanto los equipos informáticos proporcionados por la empresa como los correos corporativos, tienen por única finalidad el desarrollo de la prestación de servicios contratada, estando prohibido su uso para fines particulares no relacionados con el desempeño de las funciones laborales encomendadas.

Con el objeto de impedir el uso indebido de los equipos informáticos propiedad de la empresa y puestos a disposición del trabajador, así como el acceso indebido a internet a través de estos, les informamos que en cumplimiento de la Ley Orgánica 3/2018, de 5 de diciembre, de Protección de Datos Personales y garantía de los derechos digitales (LOPDPGDD), y al amparo del art. 20.3 del texto refundido de la Ley del Estatuto de los Trabajadores, **todos los ordenadores y todas las direcciones de correo electrónico corporativos facilitados por** [NOMBRE_EMPRESA] **a la persona trabajadora o utilizados por este con ocasión de su trabajo, serán accesibles por** [NOMBRE_EMPRESA], pudiendo ser los ordenadores, su contenido así como cualquier archivo guardado en los mismos por la persona trabajadora en cualquier momento, analizados, examinados, formateados y/o reseteados mediante los oportunos medios informáticos al alcance de la empresa (auditoría informática, examen pericial informático, software de captura de pantallas, etc.).

En consecuencia se establece: (1)

[A MODO DE EJEMPLO:
- Los medios informáticos facilitados por la empresa son de su propiedad, siendo una «herramienta de trabajo» que se facilita para el cumplimiento exclusivo de la prestación laboral, por lo que esa utilización queda dentro del ámbito del derecho de vigilancia y control del empresario.
- Para garantizar la efectiva y correcta utilización laboral de recursos aportados por la empresa: [ESPECIFICAR]. (2)
- La persona trabajadora no guardará, ni archivará en los equipos informáticos propiedad de la empresa información personal no relacionada con el trabajo].

El incumplimiento de las prohibiciones y de las obligaciones establecidas constituirán la imposición de:

– Sanción leve: [ESPECIFICAR]. (3)

– Sanción grave: [ESPECIFICAR]. (3)

– Sanción muy grave: [ESPECIFICAR]. (3)

– Despido disciplinario: [ESPECIFICAR]. (3)

Paralelamente a esta comunicación, se dará traslado de la misma a los representantes de los trabajadores. (4)

Sin otro particular que comunicarles le saludo atentamente.

[FIRMA_SELLO_EMPRESA]

La empresa.

---

(1) Establecer reglas de uso, con aplicación de prohibiciones absolutas o parciales.

(2) Especificar método de control. A modo de ejemplo: «(..) podrá visualizar cualquier comunicación llevada a cabo a través de canales informáticos para verificar el cumplimiento por el trabajador de sus obligaciones y deberes laborales», «se realizarán conexiones remotas a los ordenadores aleatoriamente en orden a comprobar la corrección de los usos de internet en la empresa», etc. (STS, rec. 966/2006, de 26 de septiembre de 2007, ECLI:ES:TS:2007:6128).

(3) Especificar la sanción aplicable en base al principio de proporcionalidad.

(4) Atendiendo a la STS n.º 225/2024, de 6 de febrero de 2024, ECLI:ES:TS:2024:566, para la elaboración de normas y criterios de utilización de dispositivos digitales puesto a disposición de los trabajadores, el art. 87.3 de la LOPD, establece la participación de los representantes de los trabajadores. La sentencia citada establece la nulidad de las decisiones empresariales elaboradas sin la participación de tales representantes.

Acuerdo de flexibilidad horaria entre trabajador y empresa reconociendo el derecho a desconexión digital

La flexibilidad horaria es una medida que favorece la conciliación de la vida personal, familiar y laboral de la que el trabajador puede disponer por dos posibles vías:

- **Concesión voluntaria por parte del empresario de medidas de flexibilidad horaria.** En este caso dependerá del acuerdo alcanzado entre las partes sometido a las normas en materia de duración de jornada, modificación sustancial de la misma o existencia de condición más beneficiosa

- **Especificación de medidas en este sentido por el convenio colectivo de aplicación.** Siendo obligado para la empresa seguir las normas impuestas por negociación colectiva en este sentido.

El presente modelo permite un acuerdo de flexibilidad horaria entre trabajador y empresa por voluntad del empresario haciendo reflejar que se trata de una medida concedida voluntariamente por la empresa con posibilidad de revocación y revisión (esta previsión evitará la necesidad de afrontar un procedimiento de modificación sustancial de las condiciones de trabajo (art. 41, ET) en caso de querer eliminarla unilateralmente).

En [CIUDAD], a [DÍA] de [MES] de [AÑO]

REUNIDOS

De una parte D./D.ª [NOMBRE_PERSONA_EMPLEADORA], con DNI [DNI] en su condición de [CATEGORIA_PROFESIONAL], en nombre y representación de la empresa [NOMBRE_EMPRESA] con NIF [NIF], código cuenta de cotización [NÚMERO], actividad de [ACTIVIDAD_EMPRESA], con domicilio social en [DOMICILIO_SOCIAL], c/ [CALLE].

De otra D./D.ª [NOMBRE_PERSONA_TRABAJADORA], con DNI [DNI], con domicilio en [DOMICILIO_SOCIAL], c/ [CALLE] con plena capacidad de obrar, que actúa en nombre propio.

MANIFIESTAN

Que reconociéndose mutua capacidad de obrar, es interés de ambas partes concertar el presente **ACUERDO DE FLEXIBILIDAD HORARIA** para lograr una mejor organización del tiempo de trabajo y de los descansos que permitan la mayor compatibilidad entre el derecho a la conciliación de la vida personal, familiar y laboral de los trabajadores y la mejora de la productividad en la empresa, que se regirá por las siguientes

CLÁUSULAS

I.- Que el horario laboral que se realizará en la empresa será con carácter general el establecido en el art. [NÚMERO] del convenio colectivo [CONVENIO_COLECTIVO_APLICABLE], consistente en:

- Horario de mañana: [DESCRIPCIÓN].

- Horario de tarde: [DESCRIPCIÓN].

II.- Que el/la trabajador a su elección podrá optar por alguna de las medidas siguientes establecidas previa comunicación por escrito con un preaviso de [ESPECIFICAR] días con anterioridad al reconocimiento del disfrute por parte empresarial: (1)

HORARIO A) Posibilidad de añadir una flexibilidad de [NUMERO] minutos antes y después de cada entrada y salida. En este caso se establece: **(2)**

- Entrada flexible por la mañana entre [HORA] y [HORA] h.
- Salida mínima por la mañana a las [HORA] h.
- Entrada flexible por la tarde entre [HORA] y [HORA] h.
- Salida mínima por la tarde a las [HORA] h.

HORARIO B) La prestación de servicios en el siguiente horario: **(3)**

> (A MODO DE EJEMPLO.:
> Se establece una parte fija del horario de 5 horas diarias, entre las 9 y las 14 horas, de obligada asistencia para todo el personal.
> La parte variable del horario, será de cómputo y recuperación semanal conforme a las siguientes reglas:
> a) Entre las 7:30 y las 9 horas.
> b) Entre las 14 horas y las 19 horas, en módulos mínimos de 1 hora y 30 minutos. En esta última franja, siempre que vaya a continuarse la jornada durante el horario de tarde, deberá producirse un descanso mínimo de ... para la comida.)

III.- (ESPECIFICAR DE TRATARSE DE UNA MEDIDA TEMPORAL LAS CONDICIONES DE VUELA A LA ANTIGUA JORNADA) En el caso de que la empresa vuelva a (las facturaciones de .../ se cumplan los requisitos de .../ sean adjudicados más pedidos ...) el trabajador volverá, previo aviso de [DÍAS] días, a la jornada establecida en convenio descrita en el punto I.

IV.- La adscripción a la flexibilidad horaria no modifica ni sustituye la jornada anual establecida en el convenio colectivo de [NÚMERO] horas, suponiendo una medida de la empresa para facilitar la conciliación de la vida personal, familiar y laboral de los trabajadores en ningún caso consolidable.

V.- La distribución pactada respeta en todo caso los períodos mínimos de descanso diario y semanal previstos en la Ley.

VI.- Al margen de la flexibilidad horaria establecida para atender a las necesidades del trabajador/a, la empresa está facultada para hacer uso de la distribución irregular de la jornada establecida en el art. 34, Real Decreto Legislativo 2/2015, de 23 de octubre, por el que se aprueba el texto refundido de la Ley del Estatuto de los Trabajadores y art. [NÚMERO] del convenio colectivo [CONVENIO_COLECTIVO_APLICABLE]

VII.- Que la medida se establece con carácter (anual, semestral, etc.) y revisable pudiendo anularse:

- Por parte de la empresa, en caso de: [DESCRIPCIÓN].
- Por parte del trabajador/a, en caso de: [DESCRIPCIÓN].

VIII.- Los trabajadores que tengan necesidades de cuidado respecto de los hijos e hijas mayores de doce años, el cónyuge o pareja de hecho, familiares por consanguinidad hasta el segundo grado de la persona trabajadora, así como de otras personas dependientes cuando, en este último caso, convivan en el mismo domicilio, y que por razones de edad, accidente o enfermedad no puedan valerse por sí mismos, debiendo justificar las circunstancias en las que fundamenta su petición, tendrán derecho a: [DESCRIPCIÓN]. **(4)**

IX.- Ambas partes respetarán las exigencias establecidas en la legislación vigente en materia de protección de datos personales, según el Reglamento general europeo de protección de datos (RGPD) y la Ley Orgánica 3/2018, de 5 de diciembre, de

Protección de Datos Personales y garantía de los derechos digitales (LOPDGDD), así como las regulaciones específicas en la materia objeto de este acuerdo en el [CONVENIO_COLECTIVO_APLICABLE].

X.- [NOMBRE_EMPRESA] reconoce el derecho a desconexión digital de D./D.ª [NOMBRE_PERSONA_TRABAJADORA] fuera de la jornada laboral establecida en el presente acuerdo de flexibilidad horaria. **(5)**

XI.- En lo no estipulado expresamente se estará al Real Decreto Legislativo 2/2015, de 23 de octubre, por el que se aprueba el texto refundido de la Ley del Estatuto de los Trabajadores y el convenio colectivo [CONVENIO_COLECTIVO_APLICABLE].

[FIRMA]

D./D.ª [NOMBRE_PERSONA_TRABAJADORA].

[SELLO_Y_FIRMA_EMPRESA]

D./D.ª [NOMBRE_PERSONA_EMPLEADORA].

---

(1) En cualquiera de las dos opciones la concreción horaria estará dentro del horario marcado por el calendario laboral del centro de trabajo.

(2) Para facilitar la conciliación de la vida familiar y laboral, compatibilizándola con las necesidades de la empresa y por acuerdo de las partes se podrá pactar por escrito la flexibilidad —temporal o definitiva— en el horario de entrada y salida.

(3) Especificar según el caso.

(4) Según art. 34.8 del ET.

(5) La existencia de medidas de flexibilidad horaria no merma el derecho a la desconexión digital establecido en el art. 88 de la LODPGDD.

Denuncia a la Inspección de Trabajo por incumplimiento empresarial de la normativa vigente en materia de desconexión digital

En casos de un incumplimiento por parte de la empresa relacionados con el derecho a la desconexión digital, la persona trabajadora puede interponer una denuncia ante la Inspección de Trabajo y Seguridad Social.

A LA INSPECCIÓN DE TRABAJO DE [PROVINCIA] (1)

D./D.ª [NOMBRE_ABOGADO] en nombre y representación de D./D.ª [NOMBRE_PERSONA_TRABAJADORA] (2), con domicilio a efectos de notificaciones en [DOMICILIO_NOTIFICACIÓN], con n.º de afiliación a la Seguridad Social [NÚM_SEG_SOCIAL_TRABAJADOR] y provisto del documento nacional de identidad n.º [NÚMERO], según acredito mediante copia de poder otorgado al efecto, ante la Inspección de Trabajo comparezco y,

DIGO

Que, por medio del presente escrito, formulo DENUNCIA POR INFRACCIÓN DE LAS NORMAS LABORALES EN DESCONEXIÓN DIGITAL contra la empresa [DENOMINACIÓN_SOCIAL], con domicilio social [DOMICILIO_SOCIAL], fundamentada en los siguientes,

HECHOS

PRIMERO.- La persona trabajadora ha venido prestando sus servicios para la empresa [NOMBRE_EMPRESA], dedicada a [ACTIVIDAD_EMPRESA], desde el [DÍA] de [MES] de [AÑO], bajo el grupo profesional de [GRUPO_PROFESIONAL] y un salario mensual de [CANTIDAD] euros y una jornada de [NÚMERO] horas semanales/mensuales/anuales. Se adjunta como DOC. NÚMERO UNO copia del contrato y como DOC. NÚMERO DOS las nóminas de los meses [MES] y [MES] (3).

SEGUNDO.- En la citada empresa, la jornada laboral se encuentra establecida en el art. [NÚMERO] del [CONVENIO_COLECTIVO_APLICABLE], con una jornada de [NÚMERO] horas diarias, de lunes a viernes realizada con el siguiente horario:

- Lunes: [HORARIO].
- Martes: [HORARIO].
- Miércoles: [HORARIO].
- Jueves: [HORARIO].
- Viernes: [HORARIO].

La realización de mi jornada laboral se puede comprobar mediante el registro horario efectuado diariamente mediante [ESPECIFICAR]. (4)

TERCERO.- Como consecuencia de [ESPECIFICAR] (5), desde el mes de [MES], el trabajador ha venido recibiendo las siguientes llamadas y e-mails fuera de mi jornada laboral:

- Mes de [MES], día [DÍA], a las [HORA]. D./D.ª [NOMBRE_PERSONA_TRABAJADORA] me solicita: [DESCRIPCIÓN] mediante [FORMA DE COMUNICACIÓN]. (5)
- Mes de [MES], día [DÍA], a las [HORA]. D./D.ª [NOMBRE_PERSONA_TRABAJADORA] me solicita: [DESCRIPCIÓN] mediante [FORMA DE COMUNICACIÓN].

– Mes de [MES], día [DÍA], a las [HORA]. D./D.ª [NOMBRE_PERSONA_TRABAJADORA] me solicita: [DESCRIPCIÓN] mediante [FORMA DE COMUNICACIÓN].

CUARTO.- Conforme al art. [NÚMERO] del [CONVENIO_COLECTIVO_APLICABLE] aplicable a la empresa [NOMBRE_EMPRESA] y el art. 88 de la Ley Orgánica 3/2018, de 5 de diciembre, de Protección de Datos Personales y garantía de los derechos digitales:

«1. Los trabajadores y los empleados públicos tendrán derecho a la desconexión digital a fin de garantizar, fuera del tiempo de trabajo legal o convencionalmente establecido, el respeto de su tiempo de descanso, permisos y vacaciones, así como de su intimidad personal y familiar.

2. Las modalidades de ejercicio de este derecho atenderán a la naturaleza y objeto de la relación laboral, potenciarán el derecho a la conciliación de la actividad laboral y la vida personal y familiar y se sujetarán a lo establecido en la negociación colectiva o, en su defecto, a lo acordado entre la empresa y los representantes de los trabajadores.

3. El empleador, previa audiencia de los representantes de los trabajadores, elaborará una política interna dirigida a trabajadores, incluidos los que ocupen puestos directivos, en la que definirán las modalidades de ejercicio del derecho a la desconexión y las acciones de formación y de sensibilización del personal sobre un uso razonable de las herramientas tecnológicas que evite el riesgo de fatiga informática. En particular, se preservará el derecho a la desconexión digital en los supuestos de realización total o parcial del trabajo a distancia así como en el domicilio del empleado vinculado al uso con fines laborales de herramientas tecnológicas».

QUINTO.- El [DÍA] de [MES] de [AÑO], la persona trabajadora solicitó a la empresa por escrito el respeto de su derecho a la desconexión digital, esto es, a mantener inactivos sus dispositivos o medios de comunicación, de manera que no reciba mensajes de la empresa o de sus compañeros de trabajo por razones laborales. Se adjunta como DOC. NÚMERO TRES copia del escrito presentado.

SEXTO.- A pesar de su solicitud la empresa continúo con la práctica descrita haciendo caso omiso a las reivindicaciones de esta parte como muestran las siguientes comunicaciones posteriores a la solicitud:

– Mes de [MES], día [DÍA], a las [HORA]. D./D.ª [NOMBRE_PERSONA_TRABAJADORA] me solicita: [DESCRIPCIÓN] mediante [FORMA DE COMUNICACIÓN]. **(5)**

– Mes de [MES], día [DÍA], a las [HORA]. D./D.ª [NOMBRE_PERSONA_TRABAJADORA] me solicita: [DESCRIPCIÓN] mediante [FORMA DE COMUNICACIÓN].

– Mes de [MES], día [DÍA], a las [HORA]. D./D.ª [NOMBRE_PERSONA_TRABAJADORA] me solicita: [DESCRIPCIÓN] mediante [FORMA DE COMUNICACIÓN].

SÉPTIMO.- Las situaciones descritas han derivado en [DESCRIPCIÓN]. **(6)**

OCTAVO.- Todo lo relatado implica un incumplimiento por parte de la empresa sancionado por el Real Decreto Legislativo 5/2000, de 4 de agosto, por el que se aprueba el texto refundido de la Ley sobre Infracciones y Sanciones en el Orden Social (LISOS).

Por todo lo anteriormente expuesto,

SOLICITO a la Inspección Provincial de la Dirección Provincial de Trabajo de [PROVINCIA]:

Que tenga por presentada denuncia contra la empresa [NOMBRE_EMPRESA], al efecto de que adopte las medidas oportunas, ordenando una investigación sobre los hechos denunciados y, previa su comprobación e incoación de la correspondiente acta de infracción, se dicte resolución que sancione a la empresa y la obligue a ajustarse a derecho.

En [PROVINCIA], a [DÍA] de [MES] de [AÑO].

[FIRMA]

D./D.ª [NOMBRE_PERSONA_TRABAJADORA]

---

(1) El escrito debe dirigirse a la Inspección Provincial de Trabajo y Seguridad Social correspondiente a la provincia donde radique el centro de trabajo objeto de denuncia. El origen de la denuncia es confidencial, es decir, el inspector o cualquier otro funcionario de la Inspección de Trabajo y Seguridad Social, no puede revelar la identidad del denunciante al empresario inspeccionado (arts. 10 de la Ley 23/2015, de 21 de julio y 10 del Real Decreto 138/2000, de 4 de febrero).

(2) El denunciante no podrá alegar la consideración de interesado a ningún efecto en la fase de investigación, si bien tendrá derecho a ser informado del estado de tramitación de su denuncia, así como de los hechos que se hayan constatado y de las medidas adoptadas al respecto únicamente cuando el resultado de la investigación afecte a sus derechos individuales o colectivos reconocidos por la normativa correspondiente al ámbito de la función inspectora (art. 20.4 de la Ley 23/2015, de 21 de julio). No obstante, en el supuesto de que la denuncia diera lugar al inicio de un procedimiento sancionador, el denunciante podrá tener, en su caso, la condición de interesado, en los términos y con los requisitos establecidos en el art. 4 de la Ley 39/2015 de 1 de octubre.

(3) Presentar todos los documentos disponibles para probar la existencia de relación laboral y la jornada realizada.

(4) El tipo de sistema de registro responderá a la libre elección de la empresa, siempre que garantice la fiabilidad e invariabilidad de los datos y refleje, como mínimo, cada día de prestación de servicios, la hora de inicio y la hora de finalización de la jornada.

(5) Especificar el motivo. A modo de ej.: «mi ausencia durante el periodo vacacional», «mi ausencia durante un periodo de incapacidad laboral a causa de ....», etc.

(6) Especificar si la vulneración del derecho a la desconexión digital ha comportado algún trastorno psicosocial, fatiga informática, visual o burnout.

Demanda por la violación del derecho a la desconexión digital

Modelo de demanda de reconocimiento de derecho y tutela de derechos fundamentales en pretensión de que se dicte sentencia por la que se condene a la empresa a reconocer el derecho a la desconexión digital de la persona trabajadora.

AL JUZGADO DE LO SOCIAL DE [LOCALIDAD].

D./D.ª [NOMBRE_ABOGADO_CLIENTE], con tarjeta de identidad profesional n.º [NÚMERO_COLEGIADO_ABOGADO_CLIENTE] y domicilio a efectos de notificaciones en [DOMICILIO], actuando en nombre y representación de D./D.ª de [NOMBRE_CLIENTE], representación que acredito con copia de escritura de poder que acompaño, con el ruego de su devolución, testimoniada que lo sea, ante el Juzgado comparezco y, como mejor en Derecho proceda,

DIGO

Que por medio del presente escrito formulo DEMANDA **SOBRE TUTELA DE LOS DERECHOS FUNDAMENTALES Y LIBERTADES PÚBLICAS** contra la empresa [NOMBRE_PARTECONTRARIA], con domicilio en [DOMICILIO_SOCIAL], en la persona que ostenta su representación legal D./D.ª [NOMBRE], con DNI núm. [NÚMERO].

En base a los siguientes hechos,

HECHOS

PRIMERO.- La persona trabajadora ha venido prestando sus servicios para la empresa [NOMBRE_EMPRESA], dedicada a [ACTIVIDAD_EMPRESA], desde el [DÍA] de [MES] de [AÑO], bajo el grupo profesional de [GRUPO_PROFESIONAL] y un salario mensual de [CANTIDAD] euros y una jornada de [NÚMERO] horas semanales/mensuales/anuales. Se adjunta como DOC. NÚMERO UNO copia del contrato y como DOC. NÚMERO DOS las nóminas de los meses [MES] y [MES]. **(1)**

SEGUNDO.- En la citada empresa, la jornada laboral se encuentra establecida en el art. [NÚMERO] del [CONVENIO_COLECTIVO_APLICABLE], con una jornada de [NÚMERO] horas diarias, de lunes a viernes realizada con el siguiente horario:

– Lunes: [HORARIO].

– Martes: [HORARIO].

– Miércoles: [HORARIO].

– Jueves: [HORARIO].

– Viernes: [HORARIO].

La realización de mi jornada laboral se puede comprobar mediante el registro horario efectuado diariamente mediante [ESPECIFICAR]. **(2)**

TERCERO.- Como consecuencia de [ESPECIFICAR] **(5)**, desde el mes de [MES], el trabajador ha venido recibiendo las siguientes llamadas y e-mails fuera de mi jornada laboral:

– Mes de [MES], día [DÍA], a las [HORA]. D./D.ª [NOMBRE_PERSONA_TRABAJADORA] me solicita: [DESCRIPCIÓN] mediante [FORMA DE COMUNICACIÓN]. **(3)**

– Mes de [MES], día [DÍA], a las [HORA]. D./D.ª [NOMBRE_PERSONA_TRABAJADORA] me solicita: [DESCRIPCIÓN] mediante [FORMA DE COMUNICACIÓN].

– Mes de [MES], día [DÍA], a las [HORA]. D./D.ª [NOMBRE_PERSONA_TRABAJA-DORA] me solicita: [DESCRIPCIÓN] mediante [FORMA DE COMUNICACIÓN].

CUARTO.- El [DÍA] de [MES] de [AÑO], la persona trabajadora solicitó a la empresa por escrito que se respetara su derecho a la desconexión digital, y, pese a ello, la empresa hizo caso omiso, enviándole diferentes comunicaciones y órdenes de trabajo a su correo electrónico personal, incluso por llamadas a su teléfono particular, incluso por terceros ajenos a la empresa, a los que, la demandada, les ha facilitado su número de teléfono personal para que contactasen directamente con mi mandate. Se adjunta como DOC. NÚMERO TRES copia del escrito presentado y registro de las siguientes comunicaciones fuera de horario laboral:

– Mes de [MES], día [DÍA], a las [HORA]. D./D.ª [NOMBRE_PERSONA_TRABAJA-DORA] me solicita: [DESCRIPCIÓN] mediante [FORMA DE COMUNICACIÓN]. (3)

– Mes de [MES], día [DÍA], a las [HORA]. D./D.ª [NOMBRE_PERSONA_TRABAJA-DORA] me solicita: [DESCRIPCIÓN] mediante [FORMA DE COMUNICACIÓN].

– Mes de [MES], día [DÍA], a las [HORA]. D./D.ª [NOMBRE_PERSONA_TRABAJA-DORA] me solicita: [DESCRIPCIÓN] mediante [FORMA DE COMUNICACIÓN].

SEXTO.- La actitud de la empresa vulnerando lo pactado en la normativa y convenio colectivo aplicable sobre desconexión digital, y dichas comunicaciones se le realizan fuera del horario laboral, y a través de herramientas y dispositivos no facilitados por la empresa. han derivado en [DESCRIPCIÓN]. (4)

SÉPTIMO.- La empresa [cuenta/ no cuenta] con un protocolo para desconexión digital de los trabajadores. (5)

A los anteriores hechos son de aplicación los siguientes,

FUNDAMENTOS DE DERECHO

I. LEGITIMACIÓN (6)

La activa corresponde a la trabajadora demandante en atención a lo prevenido en los arts. 17 y 177 de la Ley 36/2011, de 10 de octubre, reguladora de la jurisdicción social y la pasiva a la empresa demandada.

II. JURISDICCIÓN

Corresponde a la jurisdicción social, con arreglo a lo establecido en el art. 2 de la Ley 36/2011, de 10 de octubre, reguladora de la jurisdicción social y 9.1 y 9.5 de la LOPJ.

III. COMPETENCIA (7)

Es competente el Juzgado de lo Social al que nos dirigimos de conformidad con lo dispuesto en los arts. 6 y 10 de la Ley 36/2011, de 10 de octubre, reguladora de la jurisdicción social.

IV. PROCEDIMIENTO (8)

Por tratarse de un procedimiento de tutela de los derechos fundamentales y libertades públicas es el correspondiente a la modalidad procesal prevista en los arts. 177 y ss. de la Ley 36/2011, de 10 de octubre, reguladora de la jurisdicción social, en virtud de lo dispuesto en el art. 184 de dicha ley.

V. CONCILIACIÓN PREVIA

Arts. 64.1 y 70.1 de la Ley 36/2011, de 10 de octubre, reguladora de la jurisdicción social, por excluir los procesos de tutela de los derechos fundamentales y libertades públicas de conciliación, mediación o reclamación administrativa previa.

VI. DAÑOS Y PERJUICIOS (9)

Art. 183. 1 y 2 de la Ley 36/2011, de 10 de octubre, reguladora de la jurisdicción social, en relación a la indemnización en función tanto del daño moral unido a la vulneración del derecho fundamental, como de los daños y perjuicios adicionales derivados, en consonancia con lo establecido en los arts. 1100, 1101 y 1106 del Código Civil, por los que esta parte entiende que la parte demandada debe proceder a la reparación de daños por la vía de indemnización de daños y perjuicios en la cuantía siguiente:

– Indemnización por daños y perjuicios descritos en el hecho duodécimo por cuantía de [CUANTÍA] euros.

– Indemnización por daños materiales descritos asimismo en el hecho duodécimo por cuantía de [CUANTÍA] euros.

La cantidad total reclamada es: [CUANTÍA] euros.

VII. FONDO DEL ASUNTO

– El art. 20 bis del Real Decreto Legislativo 2/2015, de 23 de octubre, por el que se aprueba el texto refundido de la Ley del Estatuto de los Trabajadores (ET) dispone lo siguiente:

«Los trabajadores tienen derecho a la intimidad en el uso de los dispositivos digitales puestos a su disposición por el empleador, a la desconexión digital y a la intimidad frente al uso de dispositivos de videovigilancia y geolocalización en los términos establecidos en la legislación vigente en materia de protección de datos personales y garantía de los derechos digitales».

– La Ley Orgánica 3/2018, de 5 de diciembre, de Protección de Datos Personales y Garantía de los Derechos Digitales (LOPDGDD) regula el derecho a la desconexión. No solo se trata de una facultad del trabajador de no responder a las comunicaciones laborales fuera del tiempo de trabajo, es un deber empresarial de garantizar esta desconexión.

En su exposición de motivos explica que «ocupa un lugar relevante el reconocimiento del derecho a la desconexión digital en el marco del derecho a la intimidad en el uso de dispositivos digitales en el ámbito laboral y la protección de los menores en Internet».

a) El derecho a la desconexión digital en el ámbito laboral

Artículo 88:

«1. Los trabajadores y los empleados públicos tendrán derecho a la desconexión digital a fin de garantizar, fuera del tiempo de trabajo legal o convencionalmente establecido, el respeto de su tiempo de descanso, permisos y vacaciones, así como de su intimidad personal y familiar.

2. Las modalidades de ejercicio de este derecho atenderán a la naturaleza y objeto de la relación laboral, potenciarán el derecho a la conciliación de la actividad laboral y la vida personal y familiar y se sujetarán a lo establecido en la negociación colectiva o, en su defecto, a lo acordado entre la empresa y los representantes de los trabajadores.

3. El empleador, previa audiencia de los representantes de los trabajadores, elaborará una política interna dirigida a trabajadores, incluidos los que ocupen puestos directivos, en la que definirán las modalidades de ejercicio del derecho a la desconexión y las acciones de formación y de sensibilización del personal sobre un uso razonable de las herramientas tecnológicas que evite el riesgo

de fatiga informática. En particular, se preservará el derecho a la desconexión digital en los supuestos de realización total o parcial del trabajo a distancia así como en el domicilio del empleado vinculado al uso con fines laborales de herramientas tecnológicas».

b) Derecho a la intimidad y uso de dispositivos digitales en el ámbito laboral

Artículo 87

«1. Los trabajadores y los empleados públicos tendrán derecho a la protección de su intimidad en el uso de los dispositivos digitales puestos a su disposición por su empleador.

2. El empleador podrá acceder a los contenidos derivados del uso de medios digitales facilitados a los trabajadores a los solos efectos de controlar el cumplimiento de las obligaciones laborales o estatutarias y de garantizar la integridad de dichos dispositivos.

3. Los empleadores deberán establecer criterios de utilización de los dispositivos digitales respetando en todo caso los estándares mínimos de protección de su intimidad de acuerdo con los usos sociales y los derechos reconocidos constitucional y legalmente. En su elaboración deberán participar los representantes de los trabajadores.

El acceso por el empleador al contenido de dispositivos digitales respecto de los que haya admitido su uso con fines privados requerirá que se especifiquen de modo preciso los usos autorizados y se establezcan garantías para preservar la intimidad de los trabajadores, tales como, en su caso, la determinación de los períodos en que los dispositivos podrán utilizarse para fines privados.

Los trabajadores deberán ser informados de los criterios de utilización a los que se refiere este apartado».

c) Derecho a la intimidad frente al uso de dispositivos de videovigilancia y de grabación de sonidos en el lugar de trabajo

Artículo 89

«1. Los empleadores podrán tratar las imágenes obtenidas a través de sistemas de cámaras o videocámaras para el ejercicio de las funciones de control de los trabajadores o los empleados públicos previstas, respectivamente, en el artículo 20.3 del Estatuto de los Trabajadores y en la legislación de función pública, siempre que estas funciones se ejerzan dentro de su marco legal y con los límites inherentes al mismo. Los empleadores habrán de informar con carácter previo, y de forma expresa, clara y concisa, a los trabajadores o los empleados públicos y, en su caso, a sus representantes, acerca de esta medida.

En el supuesto de que se haya captado la comisión flagrante de un acto ilícito por los trabajadores o los empleados públicos se entenderá cumplido el deber de informar cuando existiese al menos el dispositivo al que se refiere el artículo 22.4 de esta ley orgánica.

2. En ningún caso se admitirá la instalación de sistemas de grabación de sonidos ni de videovigilancia en lugares destinados al descanso o esparcimiento de los trabajadores o los empleados públicos, tales como vestuarios, aseos, comedores y análogos.

3. La utilización de sistemas similares a los referidos en los apartados anteriores para la grabación de sonidos en el lugar de trabajo se admitirá únicamente cuando resulten relevantes los riesgos para la seguridad de las instalaciones, bienes y personas derivados de la actividad que se desarrolle en el centro de

trabajo y siempre respetando el principio de proporcionalidad, el de intervención mínima y las garantías previstas en los apartados anteriores. La supresión de los sonidos conservados por estos sistemas de grabación se realizará atendiendo a lo dispuesto en el apartado 3 del artículo 22 de esta ley».

- **Ley 10/2021, de 9 de julio**, de trabajo a distancia regula la desconexión digital de la siguiente forma:

a) Derecho a la intimidad y a la protección de datos

La empresa no podrá exigir la instalación de programas en dispositivos propiedad de la persona trabajadora, ni la utilización de estos dispositivos en el desarrollo del trabajo a distancia, y deberá elaborar una política en la que se regule la desconexión digital.

«Artículo 17. Derecho a la intimidad y a la protección de datos.

1. La utilización de los medios telemáticos y el control de la prestación laboral mediante dispositivos automáticos garantizará adecuadamente el derecho a la intimidad y a la protección de datos, en los términos previstos en la Ley Orgánica 3/2018, de 5 de diciembre, de Protección de Datos Personales y garantía de los derechos digitales, de acuerdo con los principios de idoneidad, necesidad y proporcionalidad de los medios utilizados.

2. La empresa no podrá exigir la instalación de programas o aplicaciones en dispositivos propiedad de la persona trabajadora, ni la utilización de estos dispositivos en el desarrollo del trabajo a distancia.

3. Las empresas deberán establecer criterios de utilización de los dispositivos digitales respetando en todo caso los estándares mínimos de protección de su intimidad de acuerdo con los usos sociales y los derechos reconocidos legal y constitucionalmente. En su elaboración deberá participar la representación legal de las personas trabajadoras.

Los convenios o acuerdos colectivos podrán especificar los términos dentro de los cuales las personas trabajadoras pueden hacer uso por motivos personales de los equipos informáticos puestos a su disposición por parte de la empresa para el desarrollo del trabajo a distancia, teniendo en cuenta los usos sociales de dichos medios y las particularidades del trabajo a distancia».

b) Derecho a la desconexión digital

La empresa podrá poner en marcha las medidas que estime más oportunas de vigilancia y control para verificar el cumplimiento por la persona trabajadora de sus obligaciones y deberes laborales, incluida la utilización de medios telemáticos, guardando en su adopción y aplicación la consideración debida a su dignidad, y deberá establecer criterios de utilización de los dispositivos digitales respetando en todo caso los estándares mínimos de protección de la intimidad de sus empleados.

«Artículo 18. Derecho a la desconexión digital.

1. Las personas que trabajan a distancia, particularmente en teletrabajo, tienen derecho a la desconexión digital fuera de su horario de trabajo en los términos establecidos en el artículo 88 de la Ley Orgánica 3/2018, de 5 de diciembre.

El deber empresarial de garantizar la desconexión conlleva una limitación del uso de los medios tecnológicos de comunicación empresarial y de trabajo durante los periodos de descanso, así como el respeto a la duración máxima de la jornada y a cualesquiera límites y precauciones en materia de jornada que dispongan la normativa legal o convencional aplicables.

2. La empresa, previa audiencia de la representación legal de las personas trabajadoras, elaborará una política interna dirigida a personas trabajadoras,

incluidas los que ocupen puestos directivos, en la que definirán las modalidades de ejercicio del derecho a la desconexión y las acciones de formación y de sensibilización del personal sobre un uso razonable de las herramientas tecnológicas que evite el riesgo de fatiga informática. En particular, se preservará el derecho a la desconexión digital en los supuestos de realización total o parcial del trabajo a distancia, así como en el domicilio de la persona empleada vinculado al uso con fines laborales de herramientas tecnológicas.

Los convenios o acuerdos colectivos de trabajo podrán establecer los medios y medidas adecuadas para garantizar el ejercicio efectivo del derecho a la desconexión en el trabajo a distancia y la organización adecuada de la jornada de forma que sea compatible con la garantía de tiempos de descanso».

– El artículo [NÚMERO] del [CONVENIO_COLECTIVO_APLICABLE] establece que: «[ESPECIFICAR]».

– Desde el enfoque preventivo, la regulación de la desconexión digital puede entenderse dentro de la prevención de riesgos laborales al amparo del art. 1.1 de la **Ley 31/1995, de 8 de noviembre**, de Prevención de Riesgos Laborales (LPRL), donde se concreta: «La normativa sobre prevención de riesgos laborales está constituida por la presente Ley (LPRL), sus disposiciones de desarrollo o complementarias y cuantas otras normas, legales o convencionales, contengan prescripciones relativas a la adopción de medidas preventivas en el ámbito laboral o susceptibles de producirlas en dicho ámbito».

En materia de prevención de riesgos también interesan los arts. 14, 15, 16.2 y 23 de la LPRL.

– Arts. 7.5, 7.10 y 8.11 del **Real Decreto Legislativo 5/2000, de 4 de agosto**, por el que se aprueba el texto refundido de la Ley sobre Infracciones y Sanciones en el Orden Social (LISOS).

– **STSJ de Galicia n.º 1158/2024, de 4 de marzo de 2024, ECLI:ES:TSJ-GAL:2024:1944**, donde el TSJ revoca la sentencia de primera instancia y condena a la empresa a indemnizar al empleado, destinado en Pontevedra, con 1.000 euros, distribuidos en 300 euros por la violación del derecho a la desconexión digital y 700 euros por la cesión indebida de sus datos personales a terceros.

El fallo también reconoce que, aunque el derecho a la desconexión se remite por el citado artículo a la negociación colectiva en cuanto a sus modalidades, parte de la doctrina científica ha propuesto prohibir determinadas actividades para garantizar que ningún empleado sea molestado en su tiempo de descanso, tales como las siguientes:

«- El envío de correos electrónicos y la realización de llamadas fuera del horario laboral fijado.

- La organización de reuniones en períodos de descanso (comidas, pausas de café, etc.).

- La realización de contactos no necesarios o urgentes con otros compañeros en fines de semana o festivos.

- El contacto a través de teléfonos privados de los empleados, aunque hayan dado su consentimiento para ello, salvo en situaciones urgentes o de emergencia.

También se deben recoger de forma expresa las excepciones en las que no se aplicarían las prohibiciones referidas (por ejemplo, contacto con personal de guardia, localización de personal implicado en la gestión de una brecha de seguridad con carácter urgente, etc.)».

VIII. IURA NOVIT CURIA

En todo lo no invocado resulta de aplicación el principio *iura novit curia*, plasmado en el párrafo segundo del punto primero del artículo 218 de la Ley de Enjuiciamiento Civil, en virtud del cual serán aplicables las demás normas que sean de pertinente, especial o general aplicación, y que el juzgador podrá tener en cuenta de oficio sin necesidad de que hayan sido previamente alegados o invocados por alguna de las partes intervinientes.

Por todo lo expuesto,

SOLICITO AL JUZGADO:

Que, teniendo por presentado este escrito y documentación adjunta con sus copias se sirva admitirlo, y previos los trámites correspondientes, dicte sentencia estimatoria de la demanda y declare la existencia de [DESCRIPCIÓN] (vulneración denunciada), y la nulidad radical de la conducta del demandado, ordenando la aplicación inmediata del derecho a la desconexión digital y la [DESCRIPCIÓN] (pretensión), con la indemnización por daños incluidos los morales, que esta parte cifra en la cantidad de [CANTIDAD] euros.

En [PROVINCIA], a [FECHA].

[FIRMA]

OTROSÍ DIGO: a los efectos prevenidos en el art. 21.2 de la de la Ley 36/2011, de 10 de octubre, reguladora de la jurisdicción social, en la celebración de la vista del juicio, compareceré asistido y defendido por el/la Letrado/a Sr./a D./D.ª [NOMBRE_LE-TRADO], señalándose a efectos de citaciones y notificaciones el domicilio del mismo, sito en [DIRECCIÓN].

SEGUNDO OTROSÍ DIGO: conforme al art. 90 de la de la Ley 36/2011, de 10 de octubre, reguladora de la jurisdicción social y en cumplimiento de un correcto ejercicio del derecho de defensa y de la tutela judicial efectiva que garantiza la Constitución y el resto del ordenamiento jurídico, interesa al derecho de esta parte la práctica, en dicho acto, de las siguientes pruebas:

– **INTERROGATORIO** del representante legal de la empresa para que previa citación al efecto y bajo juramento indecisorio, absuelva las posiciones que, en su momento, se formularán verbalmente con el apercibimiento de que en caso de no comparecer se tendrán por ciertos los hechos en los que el interrogado hubiese intervenido personalmente

– **DOCUMENTAL**, debiendo requerirse al demandado para que presente y aporte al proceso los siguientes documentos, con apercibimiento de que de no hacerlo sin causa justificada podrán estimarse probadas las alegaciones hechas por esta parte en relación con esta prueba:

1. Hojas salariales del trabajador demandante de los últimos doce meses.

2. Documentos de cotización TC1 y TC2 del mismo periodo, así como partes de alta y de baja en la Seguridad Social.

3. Contrato de trabajo del trabajador/a demandante.

4. Registro horario de D./D.ª [NOMBRE_PERSONA_TRABAJADORA].

– **TESTIFICAL**, para que los testigos que a continuación se relacionan, sean citados por vía judicial para ser examinados en dicho acto de juicio:

– D./D.ª [NOMBRE] con domicilio en [DIRECCIÓN].

– D./D.ª [NOMBRE]con domicilio en [DIRECCIÓN].

TERCER OTROSÍ DIGO: se adjunta una copia de la demanda para el Ministerio Fiscal a los efectos prevenidos en el art. 177.3 de la de la Ley 36/2011, de 10 de octubre, reguladora de la jurisdicción social.

CUARTO OTROSÍ DIGO: a esta parte interesa que se fije en sentencia la cantidad de [CANTIDAD] euros como indemnización de daños y perjuicios al amparo de los apdos. 1 y 2 del art. 183, de la Ley 36/2011, de 10 de octubre, reguladora de la jurisdicción social.

SOLICITO AL JUZGADO DE LO SOCIAL:

Que tenga por hecha dichas manifestaciones, siendo justicia que reitero, en el lugar y fecha indicados con anterioridad.

[FIRMAS]

---

(1) Presentar todos los documentos disponibles para probar la existencia de relación laboral y la jornada realizada.

(2) El tipo de sistema de registro responderá a la libre elección de la empresa, siempre que garantice la fiabilidad e invariabilidad de los datos y refleje, como mínimo, cada día de prestación de servicios, la hora de inicio y la hora de finalización de la jornada.

(3) Especificar el motivo. A modo de ej.: «mi ausencia durante el periodo vacacional», «mi ausencia durante un periodo de incapacidad laboral a causa de ....», etc.

(4) Especificar si la vulneración del derecho a la desconexión digital ha comportado algún trastorno psicosocial, fatiga informática, visual o burnout.

(5) La inexistencia de un protocolo para desconexión digital de los trabajadores, a falta de incardinación en algún hecho sancionable que pudieran establecer los Tribunales, podría sancionarse en materia de prevención de riesgos laborales si existe conexión entre esta falta de ese protocolo en la empresa y una concreción en algún trabajador de este riesgo psicosocial como podría ser Burnout, tecnoestrés (Concepto relacionado con los efectos psicosociales negativos del uso de las Tecnologías de la información y la comunicación (TIC)), etc. (Adrián Todolí. El Derecho a la Desconexión Digital aprobada por la LOPDGDD y la Prevención de riesgos laborales. 17 de enero de 2019).

(6) De acuerdo con el art. 177.1 de la LRJS, «cualquier trabajador o sindicato que, invocando un derecho o interés legítimo, considere lesionados los derechos de libertad sindical, huelga u otros derechos fundamentales y libertades públicas, incluida la prohibición de tratamiento discriminatorio y del acoso, podrá recabar su tutela a través de este procedimiento cuando la pretensión se suscite en el ámbito de las relaciones jurídicas atribuidas al conocimiento del orden jurisdiccional social o en conexión directa con las mismas, incluidas las que se formulen contra terceros vinculados al empresario por cualquier título, cuando la vulneración alegada tenga conexión directa con la prestación de servicios».

(7) Estos procedimientos se tramitarán conforme a las reglas de competencia que se establecen en los arts. 6 a 8 de la LRJS, ante el Juzgado de lo Social en cuya circunscripción se haya producido el acto lesivo alegado (arts. 67 y 75 de la LOPJ).

(8) Sin perjuicio de lo dispuesto en el art. 178.2 de la LRJS, al amparo del art. 184 de la LRJS, las pretensiones de tutela de derechos fundamentales y libertades públicas podrán acumularse —con arreglo a la modalidad procesal correspondiente a cada una de ellas— a las demandas por: despido y por las demás causas de extinción del contrato de trabajo; modificaciones sustanciales de condiciones de trabajo; suspensión del contrato y reducción de jornada por causas económicas, técnicas, organizativas o de producción o derivadas de fuerza mayor; disfrute de vacaciones; materia electoral; impugnación de estatutos de los sindicatos o de su modificación; movilidad geográfica; derechos de conciliación de la vida personal, familiar y laboral a las que se refiere el art. 139 de la LRJS impugnación de convenios colectivos;

sanciones impuestas por los empresarios a los trabajadores en que se invoque lesión de derechos fundamentales y libertades públicas; Medidas cautelares y audiencia preliminar. Estos casos, se tramitarán inexcusablemente, con arreglo a la modalidad procesal correspondiente a cada uno de ellos, dando carácter preferente a dichos procesos y acumulando en ellos, según lo dispuesto en el apartado 2 del art. 26 de la LRJS, las pretensiones de tutela de derechos fundamentales y libertades públicas con las propias de la modalidad procesal respectiva.

(9) De acuerdo con el art. 183 de la LRJS: «Cuando la sentencia declare la existencia de vulneración, el juez deberá pronunciarse sobre la cuantía de la indemnización que, en su caso, le corresponda a la parte demandante por haber sufrido discriminación u otra lesión de sus derechos fundamentales y libertades públicas, en función tanto del daño moral unido a la vulneración del derecho fundamental, como de los daños y perjuicios adicionales derivados. El tribunal se pronunciará sobre la cuantía del daño, determinándolo prudencialmente cuando la prueba de su importe exacto resulte demasiado difícil o costosa, para resarcir suficientemente a la víctima y restablecer a ésta, en la medida de lo posible, en la integridad de su situación anterior a la lesión, así como para contribuir a la finalidad de prevenir el daño».